それぞれの国の"らしさ"はそのままに、本当においしいレシピが完成しました

10年ぐらい前から、年に1、2回、リフレッシュのために世界を旅するようになりました。

リフレッシュと言いつつ、いざ行くと、つい現地のお菓子にばかり目がいってしまいます。各国の伝統菓子は素朴で、一見すると華やかさはありませんが、海塩入りのバターで作るクイニーアマンのように特産品の材料を使ったものや、シュトーレンのように宗教行事のために考案されたものが多く、味や形が個性的で、その土地の文化も深く味わうことができます。なにより、愛され続けている伝統菓子には、「絶対的なおいしさ」を感じます。

そんな魅力に取り憑かれ、最近は現地の菓子店で厨房を見学させてもらったり、シェフから話を聞いたり、お菓子教室にも参加したりと、旅先では積極的に伝統菓子を学んでいます。

不思議なことに、現地でおいしく感じたお菓子を日本でそのまま再現すると、甘すぎたり、濃厚すぎることが多々あります。どうやら気候や食習慣の違いが味覚にも影響し、口に合わないように感じてしまうようなのです。

そこで、日本に暮らす私たちの味覚に合わせ、材料や作り方を一から見直し、伝統菓子の雰囲気は残しながら、私流にアレンジしました。素朴すぎる見た目も工夫し、かわいさも意識しています。

体験からインスピレーションをもらって生まれたちょっぴりユニークな「本当においしいレシピ」を、各国のお菓子事情と一緒にご紹介します。きっと、いつものお菓子とはひと味ちがう新鮮なおいしさを楽しんでもらえるはずです。

この本を読むにあたって

材料について

＊砂糖は、上白糖とグラニュー糖のどちらを使ってもかまいません。「粉糖」「グラニュー糖」と指定している場合は、そのとおりに使用してください。
＊卵はLサイズを使用します。目安として卵黄20g、卵白40gです。
＊生クリームは動物性乳脂肪分35％または36％のものを使用してください。
＊生地を伸ばすときに使用する打ち粉は、基本的に強力粉が適しています。なければ薄力粉でも結構です。

道具について

＊量に合ったボウル、泡立て器を使ってください。量が少ないのに大きな器具を使うと、卵白や生クリームなどがうまく泡立たなかったり、生地が混ぜづらかったりします。
＊オーブンはあらかじめ指定の温度に温めておきます。
＊焼き時間、温度は家庭のオーブンによって多少異なることがありますので、必ず焼き上がりの状態を確認して調節するようにしてください。この本では、家庭用サイズのガス式コンベクションオーブンを使用した場合の目安を記しています。
＊本書で使用した型や器具は、製菓材料店などで購入できます。

1

旅から生まれたアレンジレシピ

🇩🇪
ドイツ

Germany & Austria

🇦🇹
オーストリア

けしの実とチェリーの
シュトロイゼルタルト

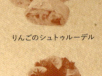

りんごのシュトゥルーデル

黒糖のシュトーレン

キャラメルとオレンジの
リースケーキ

　ドイツとオーストリアのお菓子は、デコレーションよりも味で勝負！
　そのお菓子にもっとも合う生地を厳選し、生地とクリームのバランスも計算し尽くされています。「バウムクーヘン」「ザッハトルテ」などが、日本でも定番になっていることからも分かるように、日本人の口にもよく合います。
　また、ヨーロッパのなかでもとくにクリスマスマーケットが有名で、クリスマス飾りやグリューワイン（スパイスの効いたホットワイン）の屋台と一緒に、このシーズン限定のお菓子やパンの屋台がずらりと並びます。スパイスやドライフルーツ、ナッツがたっぷり入った贅沢な風味のものが多く、こちらも個性的ながら日本人好みの味です。
　そこで、この章では味にはアレンジを加えすぎず、家庭で作りやすいサイズに改良したレシピをご紹介します。

けしの実とチェリーの
シュトロイゼルタルト

　シュトロイゼルとは、そぼろのように小さな粒状にした生地のことで、ほろほろとした食感が魅力。いまは世界中のお菓子に使われますが、もともとはドイツ起源の製法です。
　そこに、サクサクのタルト生地と、けしの実をたっぷり加えたしっとり生地を組み合わせてみました。タルトの底には、フランボワーズジャムと洋酒漬けのチェリーを入れています。独特のプチプチ食感と甘ずっぱさで、食感と味のコントラストが楽しめます。

けしの実とチェリーのシュトロイゼルタルト

Germany

材料　直径16cm タルトリング1台分

パータ・シュクレ
食塩不使用バター	35g
粉糖	25g
卵黄	1個
薄力粉	70g

シュトロイゼル
食塩不使用バター	12g
粉糖	12g
薄力粉	35g
レモン皮のすりおろし	少々
シナモンパウダー	少々
水	3g

けしの実入り生地
食塩不使用バター	30g
砂糖	30g
全卵	30g
アーモンドパウダー	30g
レモン皮のすりおろし	少々
薄力粉	10g
青けしの実	20g
フランボワーズジャム	40g
洋酒漬けチェリー(市販品)	30g

デコレーション
溶けない粉糖、ピスタチオ、洋酒漬けチェリー　　　　　　　各適量

＊溶けない粉糖はデコレーション用のシュガーパウダー。

下準備
- パータ・シュクレは65ページを参照して作り、冷蔵庫で休ませておく。
- 焼き込み用の洋酒漬けチェリーは半割りにし、キッチンペーパーに挟んで水分を取る。
- デコレーション用は切らずに丸のまま水分を取っておく。

作り方

1 パータ・シュクレを、打ち粉(分量外)をしながら麺棒で3mm程度の厚さの円形に伸ばす。厚みを均等にし、タルトリングよりひとまわり大きく伸ばす。

2 麺棒で巻き取り、オーブンシートにのせた型の真上にかぶせる。側面にひだを寄せながら、型に沿わせて敷き込む。

3 型の側面と角に指をぴったりと当てて、型に密着させる。指を押しつけすぎると生地が伸びて薄くなり、均等な厚さにならないので気をつける。

4 切れ味のよいナイフを使い、型のふちをスライドさせて水平に生地をすり切る。

Point
生地が柔らかいときは、冷蔵庫でいったん生地を締めてから切ると、シャープに切れる。厚みも軽く調整しておくとよい。

Point
生地がだれないように手早く作業を進め、途中で生地が柔らかくなってしまったら、そのつど冷蔵庫に入れて生地を締める。生地がベタつくときは、少量打ち粉を使ってもOK。

5 フォークで底全体にまんべんなく穴をあける。火の通りをよくし、焼き縮みや、底が上がって浮くのを防ぐ。冷蔵庫に入れておく。

6 65ページを参照し、シュトロイゼルを作る。ここではレモン皮、シナモンパウダーも加えて作る。

7 けしの実入り生地を作る。バターを室温で柔らかく戻し、材料すべてを材料表の上から順番に加え、そのつどよく混ぜ合わせる。最後に青けしの実を加えて混ぜる。

8 5にフランボワーズジャムをのせ、ゴムべらで平らにならす。水気を取って半分に切った洋酒漬けチェリーをまんべんなく散らす。

9 けしの実入り生地をのせ、平らに広げる。焼くと盛り上がるので、中心を少しくぼませておく。

10 6をまんべんなく広げてふる。

11 180度のオーブンで30〜35分焼く。全体に香ばしい焼き色がつくまでしっかり焼くこと。型をはずし、さます。

12 完全にさめたらふちに溶けない粉糖を茶こしかシュガーシェイカーでふり、刻んだピスタチオ、洋酒漬けチェリーを飾る。

Roots of Recipes
レシピのルーツ

けしの実ペースト（モーンマッセ）を挟んだペイストリー、断面がけしの実で真っ黒なケーキ「モーンクーヘン」、小さな丸いパンにびっしりとけしの実をトッピングした「カイザーゼンメル」。ドイツとオーストリアを中心に、東欧や中欧では、青けしの実（現地ではモーンと呼ばれます）をたっぷり使ったお菓子やパンが多く見られます。どれも、けしの実ならではのプチプチ感と、やさしい風味がくせになるおいしさです。

モーンクーヘン

モーンマッセ入りペイストリー

黒糖のシュトーレン

Germany 🇩🇪

　ドライフルーツとナッツを生地にたっぷり練り込んだシュトーレンは、ドイツのクリスマスには欠かせない発酵菓子。日本でもすっかりおなじみになり、最近では一年中販売しているお店も見かけます。材料を揃えたり、発酵と熟成を行ったりと、手間と時間はかかりますが、手作りシュトーレンを毎日薄く切って食べながらクリスマスを待ってみるのも、なんだか本格的で楽しいものです。
　砂糖を使うかわりに、生地のなかには黒糖を、表面にはきび糖を使い、深いコクのある味わいにアレンジしました。よく熟成させて味をなじませてから食べるのがおすすめです。

材料　約15cmのシュトーレン2本分

発酵生地

<A>
- 強力粉　80g
- 薄力粉　80g
- ドライイースト　5g
- 牛乳　50g
- 全卵　40g
- 黒糖（粉末のもの）　7g
- 食塩不使用バター（室温で柔らかくしておく）　25g

<B>
- 黒糖（粉末のもの）　25g
- 塩　3g
- 水　5g
- シナモンパウダー　少々
- 食塩不使用バター（室温で柔らかくしておく）　25g

フィリング
- くるみ（ローストしておく）　50g
- ドライいちじく（粗く刻む）　50g
- ラムレーズン　50g
- オレンジピール（粗く刻む）　30g
- ローマジパン　40g
- 食塩不使用バター　20g
- グラニュー糖　適量
- きび糖　適量

＊ラムレーズンを自家製にするときは、レーズンにひたひたのラム酒を注ぎ、10日以上漬けておく。

下準備
フィリングのくるみは180度のオーブンで8〜10分ほど焼き、さめたら粗く刻んでおく。

作り方

1　発酵生地の中種を作る。バター以外の＜A＞の材料をすべてボウルに入れる。全体をよく混ぜ、生地をひとつにまとめる。

2　台の上にのせ、向こう側に伸ばして手前に半分に折る。伸ばして折る作業を繰り返してこねると、だんだん表面がなめらかになってくる。

3　手に生地がつかなくなり、表面がなめらかになったら、柔らかくしたバターを加えてさらにこねる。バターが生地に完全になじみ、再び生地がなめらかになったらこね上がり。

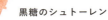 黒糖のシュトーレン

4 丸めて表面をなめらかな状態にし、ボウルに入れる。ビニールをかぶせ、約2倍の大きさにふくらむまで30度程度の温かいところで1時間ほど発酵させる。

5 4を台の上にのせて広げ、＜B＞をすべて加え、全体になじむまで混ぜる。

6 全体が均一になるまで、先ほどと同様によくこねる。全体がなめらかになったらこね上がり。

7 フィリングを加える。まず、くるみとドライいちじくを加えて軽く混ぜ、水気を切ったラムレーズン、オレンジピールを加える。具を包むように混ぜ込む。

8 全体に混ざったら丸めて表面をなめらかにし、ボウルに入れ、ビニールをかぶせる。冷蔵庫で一晩発酵させ、約2倍にふくらませる。

9 ローマジパンを半分に分け、それぞれ10cm程度の棒状に成形する。

10 8の生地を2等分し、麺棒で幅10cmほどの楕円形に伸ばし、棒状のローマジパンをのせる。

11 端を1～2cmずらして折りたたみ、中心を麺棒で軽く押さえる。もうひとつも同様に成形する。

12 オーブンシートを敷いた天板にのせ、ビニールをかぶせて30度程度の温かいところで1時間ほど発酵させる。約1.2倍にふくらむ。

13 180度のオーブンで25～30分焼く。焼き立てのときに、溶かしたバターを刷毛でたっぷり塗る。

14 密閉容器にアルミホイル、グラニュー糖を敷き、13のシュトーレンを入れ、グラニュー糖を上からもふりかける。その上からきび糖をたっぷりふりかける。さめたらきっちりふたをし、冷暗所で1週間寝かせたら食べごろ。2～3週間楽しめる。

ヨーロッパのクリスマスマーケット

マーケットは夜遅くまで開かれ、広場や街路はきらびやかなイルミネーションで彩られます。子供たちのために観覧車やメリーゴーラウンドまで出現。

私が訪れたニュルンベルクやフランクフルトの広場には大きな市が立ちます。観光客も多く、周囲のホテルはすぐに満室に。

11月の末週からはじまるクリスマスマーケット。「広場があれば開かれる」といわれるほど、ヨーロッパ中のさまざまな街に市が立ち、だいたい1月6日の公現祭まで続きます。とくに有名なのは、ドイツのニュルンベルクとシュトゥットガルト。立ち並ぶ屋台では、グリューワイン(スパイス入りのホットワイン)や焼きソーセージ、クリスマスのお菓子や飾りなど様々なものが売られています。

にぎやかな雰囲気とショッピングが楽しめるクリスマスマーケット、ぜひ一度訪れてみてください。

ウィーンのイルミネーションは、派手すぎず洗練されていました。

製菓用品も売っていて、シリコン型が豊富でした。雪の結晶形のクッキーカッター、レープクーヘンの木型をお土産にしました。

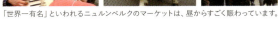

「世界一有名」といわれるニュルンベルクのマーケットは、昼からすごく賑わっています。

アイシングクッキー、レープクーヘン(スパイスクッキー)のペンダント、クッキーでできたヘキセンハウス、人の顔ほどの大きなプレッツェルなど、クリスマス時期ならではのお菓子もたくさん。

チョコレート菓子専門の屋台もありました。チョコレートがけしたフルーツは子どもたちの大好物。日本の「りんご飴」を思い出しました。

りんごのシュトゥルーデル

　東欧や中欧で広く親しまれているシュトゥルーデル。このお菓子に使われるごく薄い生地は、もともとはアラブが発祥で、それがヨーロッパに伝わり、フルーツやチーズを巻いてロール状に焼き上げるスタイルが生まれました。具材にはいろいろなものが使われますが、一番人気は、甘ずっぱいりんごです。

　本来は生地をシーツサイズまで大きく伸ばし、具を巻いて長ーく焼き上げます。ここでは、家庭のオーブンでも焼けるサイズにアレンジしました。焼いたその日のうち、生地がパリパリしている間が食べごろです。

Austria

材料　約30cm 1本分

シュトゥルーデル生地
- 薄力粉 130g
- 塩 2g
- ぬるま湯 60g
- サラダオイル 30g

フィリング
- 紅玉りんご 4〜5個
- 砂糖 30g
- 水 30g
- レーズン 30g
- シナモンパウダー 少々

- 食塩不使用バター（溶かしておく） 70g
- パン粉 適量
- 溶けない粉糖 適量

＊溶けない粉糖はデコレーション用のシュガーパウダー。

下準備

120×35cm程度のキャンバス生地、または生なりの生地（脱色や染色をしていないもの）を折りたたんで、同様の大きさにした布地を用意する。

作り方

1 薄力粉、塩、ぬるま湯、サラダオイルをボウルに入れ、生地がまとまるまで混ぜる。

2 台の上にのせ、向こう側に伸ばして手前に半分に折る。伸ばして折る作業を繰り返してこねると、だんだん表面がなめらかになってくる。

> **Point**
> 生地を両手で持って引っ張ると、ちぎれずに薄く伸びるくらいになったらこね上がり。

3 丸めて表面をなめらかな状態にし、ボウルに入れてラップをする。室温で1時間ほど休ませる。

4 フィリングを作る。りんごは皮をむいて8等分のくし切りにし、厚さ1cmのいちょう切りにする。フランパンに砂糖、水と一緒に入れ、強火でしんなりして水分が飛ぶまで炒める。

5 レーズンを加えて混ぜ、火を止めてシナモンパウダーをふる。バットにあけてさましておく。

りんごのシュトゥルーデル

Point
無理に引っ張らず、場所をかえながら少しずつ薄く長くしていくと伸ばしやすい。

6 布の上に打ち粉（分量外）をし、3の生地を麺棒で帯状に長く伸ばす。幅はまだあまり広げなくてよい。一方向に伸ばさず、上下に少しずつ伸ばすと均一な厚さに伸ばしやすい。

7 麺棒では伸ばせないほど薄く（目安は約 90×18cm）なったら、生地の下に手を入れ、そっと左右に引っ張って少しずつ伸ばす。

8 幅が30〜35cm、長さが1m程度の長方形になるように少しずつ引っ張り、透けるくらいの薄さまでまんべんなく薄く伸ばす。少しくらい破れてもかまわない。

9 溶かしたバターを全体に刷毛で薄く塗る。生地を破らないよう、刷毛を寝かせてやさしく塗るとよい。バターは3〜4割ほど残しておく。

10 手前から10cmあけたところに、20cm幅にパン粉をふる。ふったパン粉の手前半分にりんごのソテーをのせ、ギュッと押さえる。りんごはふんわり盛らず、ぎゅっと押しつけてぎっしり詰めておくとよい。

11 手前から布ごと生地を軽く持ち上げ、生地の端をりんごにかぶせる。

12 さらに布を持ち上げてりんごを裏返し、パタンパタンと転がしながら生地でりんごを巻く。

13 布ごと持ち上げてオーブンペーパーを敷いた天板の上に転がすように移す。

14 溶かしたバターを全体に塗る。残りのバターは残しておく。210度のオーブンで20分ほど焼く。

15 オーブンから出し、溶かしたバターを塗る。美しい焼き色がつくようにさらに10分焼く。オーブンから出し、残りのバターを再度塗る。さめたらカットし、溶けない粉糖を茶こしかシュガーシェイカーでふる。

キャラメルとオレンジのリースケーキ

　12月に入ったらすぐ焼いて、クリスマスまで少しずつ食べて楽しむ。そんなイメージで考えたクリスマスリース型のケーキです。
　生地の中にキャラメルソースを混ぜ込むことで、しっとりした食感に焼き上がります。オレンジ風味によく合うように、キャラメルは強めに焦がして、香ばしさをしっかり出すのがポイント。焼きっぱなしも十分おいしいですが、お好みで表面にチョコレートをかけ、ドライフルーツやナッツ、スパイスなどでリースのようにトッピングすると、味わいも濃厚に、見た目も華やかに仕上がります。

キャラメルとオレンジのリースケーキ

Austria 🇦🇹

材料 直径15cmのアルミプディング型1台分

キャラメルソース
- 砂糖……………………………………40g
- 水………………………………………15g
- 生クリーム……………………………45g

ケーキ生地
- 食塩不使用バター……………………80g
- 砂糖……………………………………90g
- 全卵……………………………………100g
- 薄力粉…………………………………100g
- ベーキングパウダー…………………2g

フィリング
- オレンジピール（刻み）……………30g
- ラムレーズン…………………………30g
- くるみ（ローストしておく）………30g
- シナモンパウダー……………………適量
- グランマルニエ………………約15g程度

デコレーション
- コーティングチョコレート（ミルク）……約50g
- ドライオレンジスライス、ドライいちじく、
- ヘーゼルナッツ、スターアニスなど好みの飾り
  …………………………………………各適量
- 金箔、クリスマス飾り………………各適量

下準備
・型に食塩不使用バター（分量外）を塗って冷やし、強力粉（分量外、なければ薄力粉）を全体にまぶし、逆さにして型を叩き、余分を十分に落とす。
・フィリングのくるみは180度のオーブンで10分弱ローストし、粗く刻んでおく。
・全卵は室温に戻しておく。

作り方

1 キャラメル用の砂糖と水を小鍋に入れて中火にかけ、プリンのキャラメルソースよりも濃く、こげ茶色まで焦がす。生クリームはレンジで60度くらいに温めておく。

Point
ほかの材料と混ぜると味が薄まるので、焦がしすぎたかな？と思うくらい、かなり濃く焦がすとよい。

2 火を止めてすぐに温めた生クリームを2回に分けて加える。熱い蒸気が出るので火傷に注意する。

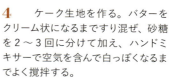

3 沸騰がおさまったら全体をよく混ぜ、ボウルに移してさましておく。温かいとこのあと加えるケーキ生地が溶けてしまうので、きちんとさましておく。

4 ケーキ生地を作る。バターをクリーム状になるまですり混ぜ、砂糖を2〜3回に分けて加え、ハンドミキサーで空気を含んで白っぽくなるまでよく撹拌する。

> Point
> しっかり混ざってから次の全卵を加えるように。一気に加えると分離するので注意。

5 室温に戻しておいた全卵をよく溶き、4回に分けて4に加える。そのつどよく混ぜる。

6 合わせてふるった薄力粉、ベーキングパウダーを加え、粉っぽさがなくなるまでゴムべらで合わせる。

7 さましたキャラメルソース、フィリングの材料をすべて加え、まんべんなく混ぜる。シナモンパウダーは好みで量を加減する。入れなくてもよい。

8 全体が均一になったら混ぜ終わり。混ぜすぎると目の詰まった重い生地に焼き上がるので注意。

9 準備した型に均等に流し入れる。ゴムべらでふちをすり切り、真ん中を軽くくぼませる。180度のオーブンで20分、170度に下げて20分焼く。

10 竹串を真ん中に刺して何もついてこなければ焼き上がり。65ページを参照して型から取り出し、グランマルニエを刷毛でしみ込ませる。ラップをぴったりとかぶせてさます。

11 チョコレートを湯せんで溶かし、スプーンで上から流しかける。固まらないうちにドライフルーツ、ナッツ、金箔、クリスマス飾りなどをつける。冷蔵庫で冷やし固める。密閉容器に入れて冷蔵庫、または冷暗所で保存し、3～4日後くらいが食べごろ。

Roots of Recipes

レシピのルーツ

ドイツのクリスマスマーケットには「レープクーヘン」「ヘキセンハウス」「ジンジャークッキー」など、この時期だけのスパイシーなお菓子がたくさん並び、それらを買って、部屋に飾ったり、少しずつ食べながらクリスマスを待ちます。現地では人気のお菓子ですが、スパイスがよく効いていたり、固くてぼそぼそしていたりと、個性が強くて日本人には少し食べづらいものが多いです。そこで、私のレシピは、スパイスをシナモンだけに減らし、しっとり柔らかな生地にアレンジしています。

クリスマスマーケットで見つけたヘキセンハウス。クッキーとアイシングで作られています。

TRAVEL COLUMN

GERMANY

クリスマスのコンディトライめぐり

フランクフルト編

　フランクフルトにはクリスマスマーケットを見に行きました。普段はスーツ姿のビジネスマンが行き交う金融街もこの時期は華やいでいます。

　夜はマーケットめぐり、昼はカフェとコンディトライ(お菓子屋さん)めぐりをしました。ドイツのお菓子はイメージどおり、派手さはありませんでしたが、チーズケーキやスポンジケーキ、チョコレートのトルテなど、どれもなじみ深い味で安心感がありました。この時期ならではのクリスマス菓子は、マーケットだけでなく、それぞれのコンディトライにも競うように並べられていました。

おみやげ用にゲット

チョコがけバームクーヘンやシュトーレン、クッキー類はおみやげに。

朝には多くのビジネスマンがせわしなく行き交う、都会的な雰囲気のフランクフルト。

コンディトライめぐりの戦利品！ フランクフルタートルテ、アプフェルクーヘン(りんごケーキ)、リンツァトルテ。どれもしみじみとした噛みしめる生地のおいしさがありました。

マイン川が街の中心に流れていることから、正式名は「フランクフルト・アム・マイン」。川のおかげで冬も雪が積もりにくいそう。

中心地にはシックなコンディトライが点在。

名物プレッツェルと、12月6日のサン・ニコラの祝日に出る「ヴェックマン」という人型パン。「シュトゥーテンケアル」とも呼ばれます。どちらもクリスマス時期のお菓子。

斬新というより、定型美があるドイツのケーキ。一般的には丸型のケーキを「トルテ」、四角いケーキを切り分けたものを「シュニッテン」と呼びます。ムースやシュー生地などは少なく、スポンジとクリームの組み合わせがほとんど。お菓子によっていろいろなスポンジ生地を使い分け、とりわけナッツをたっぷり焼き込んだものが多いのが特徴的でした。

各店、自慢のシュトーレンが並んでいました。この店にはモーン(けしの実)入りのスライスも。日本ではあまり買えないので、ついモーンタイプばかり選んでしまいます。

「雪玉」という意味の「シュネーバレン」。帯状の生地を丸く揚げ、粉砂糖を白くまぶしたお菓子です。チョコレートでコーティングしたりナッツをトッピングしたリッチなものもありました。意外にも脂っぽくなく、軽くて香ばしい食感と風味。冬だけでなく、一年中作られるそう。

TRAVEL COLUMN

AUSTRIA

カフェの街の看板ケーキ

ウイーン編

オーストリアの首都・ウイーンは、中欧、東欧の国々のなかでも群を抜いて洗練された雰囲気の街です。音楽や美術などが発達し、「芸術の街」として名高いですが、お菓子ファンにとっては、すてきな「カフェの街」。ショーケースには、店自慢の看板ケーキ（ハウストルテ）をはじめとするたくさんのケーキがぎっしり並び、老若男女、朝夕問わず、人々はゆったりとコーヒーとお菓子を楽しんでいました。このカフェ文化が日本でも浸透したらもっと充実した日常が送れるだろうなぁ、とうらやましくなりました。

クリスマス前に行くと、お菓子屋さんのショーケースにはサン・ニコラ（サンタクロースのモデルになった聖人）のチョコレートがいっぱい。

「ゲルストナー」のショーケースには、チョコレートでできたツリーとハウスが!

王室御用達の菓子店「ゲルストナー」。クラシックな雰囲気のなかにも斬新さがあります。カフェは美術館のなかにもあり、絵画鑑賞の合間にゆったりくつろげます。

各店のハウストルテは、チョコレートケーキが多く、しっとり濃厚でとってもおいしい。

一番のお気に入りカフェは「カフェ ツェントラル」。夜はピアノ演奏も。

コーヒーにオレンジリキュールをたらし、生クリームをトッピングした「マリアテレジア」をいただきました。ハプスブルグ家の女帝の名が付けられただけあり、高貴な香り。プラリネとショコラのお菓子も大人の味でした。

市内に数店舗あるカフェレストラン「オーバーラー」で、ウイーン名物シュニッツェルを。薄くて大きなカツレツです。

ウイーンでは珍しく、斬新なフォルムのケーキや、マカロンタワーがディスプレイされていました。

オーバーラーで買った焼き菓子とショコラ。焼き菓子は何の変哲もなく見えて、アーモンドの香りやしっとり感が秀逸。もっと買ってくればよかったと思うほどのおいしさでした。

2

旅から生まれたアレンジレシピ

スロベニア　　　　　　　　　クロアチア

Slovenia & Croatia

ポティッツア

いちじくのタルト

　日本人にとっては、「旧ユーゴスラビア」ぐらいのイメージしかないかもしれませんが、豊かな森と海に囲まれ、街には洗練されたレストランやカフェが集まり、おしゃれな雑貨屋さんも並んでいて、女子旅スポットとしてこれから人気が出そうな予感です。

　ハンガリーに近い北部では、ナッツのペーストをたっぷり巻いた発酵菓子が人気。アドリア海を挟み、イタリアの向かいに位置する海沿いの街では、マカロニを焼き込んだお菓子がよく売られています。近隣国の影響を受けつつ、独自に発展した個性的なお菓子が多く、ナッツやいちじくなど、森のフルーツやナッツがよく使われています。

　全体的に質素な味のものが多いので、この本では甘味とバターの使い方を変え、リッチな味わいにアレンジしました。おしゃれな2国の雰囲気を出せるようにデザインにも工夫しています。

ポティッツァ

ポティッツァ

Slovenia 🇸🇮

　発酵生地を使った、スロベニアを代表するふわっとやさしい食感のお菓子。生地とフィリング（具材）を重ねてくるくると巻き、型に入れて焼き上げるので、うずまき状のかわいい断面になります。

　昔はクリスマスが近づくと、どの家からもポティッツァを焼く香りがただよってきたとか。家庭の数だけアレンジがあり、フィリングもさまざま。ここでは、私が一番気に入っているくるみ＆チョコレートのしっとりフィリングを巻き込みました。

材料

直径15cmの陶器製ポティッツァ型1台分（容積570㎖）
または直径14cmのクグロフ型1台分

発酵生地

<A>
- 生イースト……11g
- 牛乳（人肌に温める）……10g
- 砂糖……小さじ½
- 強力粉……小さじ½

<B>
- 牛乳……63g
- 食塩不使用バター……30g
- 強力粉……120g
- 薄力粉……30g
- 砂糖……24g
- 塩……1.5g
- 卵黄……1個
- レモン皮のすりおろし……⅓個分
- バニラエッセンス……少々
- ラム酒……3g

フィリング
- くるみパウダー……50g
- ローストアーモンドパウダー……50g
- 砂糖……50g
- 牛乳……45g
- 全卵……30g
- バニラエッセンス……少々
- ラム酒……5g
- レモン皮のすりおろし……⅓個分
- シナモンパウダー……適量

トッピング
- アーモンドホール、ヘーゼルナッツ、くるみなど好みのナッツ（ローストしておく）……30g
- カカオ分65～70％ビターチョコレート……30g

下準備

・型の内側に食塩不使用バター（分量外）をやや厚めに塗っておく。
・トッピングのナッツは180度のオーブンで10分弱ローストし、粗刻みにする。チョコレートも粗刻みにする。

作り方

1 ほぐした生イーストに＜A＞の材料をよく混ぜ合わせる。室温において予備発酵させ、約2倍にふくらませる。

2 ＜B＞の牛乳とバターはレンジか湯煎で温め、35度程度（少し温かく感じる程度）にする。強力粉、薄力粉、砂糖、塩を合わせてボウルに入れ、卵黄、レモン皮、バニラエッセンス、ラム酒、**1**のイーストを入れる。温めた牛乳、バターも加えて混ぜ合わせる。

3 全体をよく混ぜ合わせ、ボウルの中でひとつにまとまったら、台に出してこねる。

4 2分くらいこねて生地が手にくっつかなくなればよい。途中はべたつくので、カードを使って台や手についた生地をこそげ取りながら作業を進める。

5 ひとまとめにして丸め、ボウルに入れてラップをし、室温で30分くらいおく。ここではあまり発酵を進ませず、休ませる程度でよい。

6 フィリングの材料をすべて順に混ぜ合わせる。

7 休ませた生地に打ち粉（分量外）をしながら麺棒で25×40cmの長方形に伸ばす。最初は伸ばしづらいが、上下左右に少しずつ交互に伸ばすとよい。

Point

なるべく厚みを均等にすると、焼き上がりの断面が美しくなる。

8 フィリングを8～9か所に分けてのせ、向こう側の端を幅2cm分だけ残し、ほかは均等に塗り広げる。巻き終わりまでフィリングを伸ばすと、巻いた後で生地を閉じづらい。

9 トッピング用の刻んだナッツ、ビターチョコレートを全体にふる。

10 指先で全体を軽く押さえ、巻いたときにトッピングがこぼれないように固定する。

ポティッツァ

11 手前からくるくると巻いていく。巻きはじめは空洞ができないようにぴったり合わせる。

12 ゆるすぎて空洞ができないように、また、きつく巻きすぎてフィリングが脇からはみ出てこないように、ほどよい力加減を意識しながら巻く。

Point
生地を均等な厚みに伸ばす、フィリングを均等に伸ばす、均等な力加減で巻き上げることで、美しい断面になる。

13 巻き終わり。前後に軽く転がし、太さを均等にする。

14 生地をつまんで端をしっかり閉じる。

15 閉じ目を上にしたまま、端と端をつなげてリング状にし、閉じ目をしっかりつなぐ。

16 閉じ目を上にして型に入れ、型との間にすき間ができないように下までしっかりと押し込む。

17 均等に火が入りやすいように、竹串で下部まで刺して空気穴をあける。

18 30度程度の温かいところで2倍の大きさまで発酵させる（約40〜60分）。表面が乾燥しないよう、ボウルなどをかぶせるとよい。

19 180度のオーブンで35〜40分ほど焼く。こうばしい香りが立ち、色よく焼けていればよい。

20 65ページを参照し、逆さにして型から出す。粗熱が取れたら乾燥しないように密閉容器やビニール袋に入れ、一晩寝かせたら食べごろ。時間がたって少し固くなったら軽く焼き直すとよい。

ヤーニャさんのポティッツア Lesson

現地の本格ポティッツァレッスンにチャレンジ！

　訪ねたのは、スロベニアの首都・リュブリャナのポティッツァ専門店。オーナーのヤーニャさんは、お店を経営するかたわら、郊外にある工房でポティッツァ作りのレッスンも行っています。もともとジャーナリストだった彼女は、スロベニアの伝統を若い人や海外の人にも広めたいと一念発起し、ポティッツァ作りに専念。念願叶ってお店をオープンされたそうです。
　2人の娘のお母さんでもあり、気さくでチャーミングな女性で、最後まで笑顔の絶えないレッスンでした。外国からの旅行者でもレッスンを受けられます。

「今日は一番基本のタイプを作るわよ」。この日のレッスンは、くるみパウダーのフィリングでした。

「この作業台は特注したの。夫が設計をしてくれたキッチンなの」と嬉しそう。笑顔が素敵な先生です。

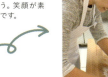

生地とフィリングを重ね、くるくる巻きます。「生地とフィリングの厚みは均等にね。柔らかいフィリングを巻くのは難しいけれど、しっとりとおいしく焼き上がるの」。ヤーニャさんの説明はていねいで分かりやすい！

（私も巻き巻きに挑戦！）

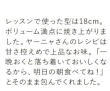

レッスンで使った型は18cm。ボリューム満点に焼き上がりました。ヤーニャさんのレシピは甘さ控えめで上品なお味。「一晩おくと落ち着いておいしくなるから、明日の朝食べてね！」とそのまま包んでくれました。

終始リラックスした雰囲気。説明のひとつひとつにポティッツァ愛を感じます。

翌朝さっそくカットすると、きれいなうずまき模様に感動！

「ミニポティッツァを商品化したいの。6種あるのよ、ぜひ試食してみて」といただいたのは、ヘーゼルナッツなどの甘いものだけでなく、ハーブが香る塩味タイプまで。

ポティッツァの型は伝統的に陶器が使われます。金属製やシリコン製のミニクグロフ型を使うこともあるそうですが、やはり陶器が一番おいしく焼き上がるそう。私はヤーニャさんのショップで購入した焼き型を愛用していますが、雑貨屋さんで探した型はディスプレイ用として購入。インテリアにもなりそうなすてきな型です。

Le Potica　http//www.le-potica.si/
＊レッスンには事前予約が必要。英語対応可。

TRAVEL COLUMN

SLOVENIA

スロベニア編

街を見下ろす「リュブリャナ城」からの眺め。旧市街は黄土色の屋根で統一されています。

川沿いの建物には、1階にカフェやレストランがあり、夜はどの店も満席になるほど賑わっていました。

スロベニアの首都・リュブリャナは、こぢんまりとして落ち着いた雰囲気。ヨーロッパらしい街並みで、治安もよいので安心して観光できました。中心地に流れる川沿いにカフェやホテルが建ち並び、昼すぎから夜にかけて賑わいます。料理やお菓子はご近所のイタリアやハンガリーの影響が色濃く、料理はパスタや肉料理が中心。インド料理店やすし店などエスニックな料理店もいくつかありました。

お菓子はとくに東欧圏に近く、シュトゥルーデル、リンツァトルテなども見られました。最近は、色鮮やかで写真映えするかわいいデザインのケーキが増えているそうで、女性の観光客がますます増えそうです。

おいしいイベントにも遭遇！
カフェとレストランが充実する街

もっとも有名な観光地は、リュブリャナから車で1時間弱のところにある「ブレッド湖」。湖畔にそびえるお城、湖のなかにぽつんと浮かぶ小島の教会が印象的。9月下旬でも、山の上にはうっすら雪が積もっていました。

「ブレッド湖」の名物は、クレームシュニタ。薄いパイ2枚の間にカスタードクリームと生クリームを2層になるようにサンドしたもの。ミルフィユっぽいですが、あくまでクリームが主役。カスタードクリームにはメレンゲが入り、ふわっと軽い食感。

リュブリャナで見つけたいちご入りのクレームシュニタ。珍しいタイプですが、いちご好きの日本人にはこのほうが人気が出そう。

ハンガリー近くのプレクムルスカ地方の伝統菓子「ギヴァニッツァ」。パイ生地にカッテージチーズのクリーム、煮りんごのピュレ、けしの実生地が何層にも重なっています。意外な組み合わせながら、甘さ控えめでおいしい！

リュブリャナの街には、手作りのかわいい雑貨がたくさん並んでいます。ブランドショップよりずっと魅力的。

野菜や果物を売るマーケット。隣には、なんと牛乳の自動販売機！ 搾りたての牛乳が毎日届き、24時間いつでも手に入ります。容器は持参してもOKで、必要な量だけ買えます。

女の子が好きそうなかわいいインテリアのカフェには、色とりどりのケーキが並んでいました。中心地では、クラシックなケーキばかりではなく、デコラティブなケーキもたくさんあります。

スロベニアの料理は、東欧でよく見る「シュニッツェル」などの肉料理がメインのよう。隣接するイタリアの影響で、パスタやラビオリもよく食べます。洗練されたレストランが多く、日本人の口にもよく合います。

チョコレートショップもたくさんあり、種類の豊富さに圧倒！ 値段も高すぎず、日常的に楽しまれているようです。

広場ではフードフェスタも開催されていました。ビオやオーガニックを意識した店が多く、街中の飲食店が出店しています。チーズの鍋の中でラビオリにソースをからめて出していました。後ろにはムール貝の大鍋が。

日曜日には川沿いに蚤の市が出ていました。屋台が出たり、路上演奏を披露する若者がいたりと、週末は一気に賑わいます。アーミージャケットと一緒に並べられていたのは、巨大なポティッツァ型。

フードフェスタには巨大なけしの実入りポティッツァがありました。大きく焼いてあるのでしっとり柔らかく、リッチな味わい。ポティッツァは意外とパン屋さんやお菓子屋さんでは売られていませんでした。家庭で手作りするお菓子なのでしょうね。

直径30㎝以上あるメレンゲパイがカット売りされていました。シュトゥルーデルは長い棒状に焼くのが一般的ですが、この店では大きな丸形の中に渦を巻いていました。中身もチェリーなど数種ありました。

いちじくのタルト

Croatia

　アドリア海沿いの太陽の恵みを受けたクロアチアのいちじくは、小粒ながら甘味がぎゅっと凝縮し、濃厚な味わいです。ここで紹介するのは、そんないちじくを甘ずっぱいカシスピュレで煮詰め、シナモン風味の生地と一緒に焼き上げたタルト。クロアチアは内陸部に行くと豊かな森に恵まれていることから、タルトの上には葉っぱやリス形の生地で飾り、味でも見た目でも、クロアチアの豊かな森をイメージしてみました。

　日本のいちじくは淡泊な味で水分が多く、生地に焼き込むと水っぽくなってしまうので、風味と甘味を凝縮させたドライいちじくを使ってください。

材料　直径18cmのタルト型（底がはずれるタイプ）1台分

パータ・シュクレ・リンツァ
- 粉糖 50g
- 薄力粉 130g
- アーモンドパウダー 40g
- ココア 4g
- レモン皮のすりおろし ⅓個分
- シナモンパウダー 適量
- 食塩不使用バター 70g
- 卵黄 1個
- 卵白 約10g（卵黄と合わせて30gにする）
- バニラエッセンス 少量

いちじくのフィリング
- ドライいちじく（柔らかめのタイプ） 150g
- 砂糖 40g
- 冷凍カシスピュレ 40g
- 水 50〜60mℓ

デコレーション
- 溶けない粉糖 適量

＊冷凍カシスピュレは赤ワイン40mℓとレモン汁10mℓで代用可能。
＊溶けない粉糖はデコレーション用のシュガーパウダー。

下準備
型の底板をアルミホイルで包んで底にはめる。側面の内側には柔らかくした食塩不使用バター（分量外）を塗っておく。

作り方

1 パータ・シュクレ・リンツァを65ページを参照して作る。ただし、ここでは粉類と一緒にアーモンドパウダー、ココア、レモン皮、シナモンパウダーを混ぜ、卵黄と一緒に卵白、バニラエッセンスも加える。冷蔵庫で冷やしておく。

2 パータ・シュクレ・リンツァの⅓量をオーブンシートの上にのせ、打ち粉（分量外）をしながら麺棒で3mm厚さに伸ばす。冷凍庫に入れて、生地を締める。

3 オーブンシートをはがし、好みのクッキー型（ここでは葉っぱ型とリス型）で抜き、別のオーブンシートに並べる。

いちじくのタルト

4 葉っぱ型で抜いたものにはナイフで葉脈を描き、再度冷凍庫に入れる。

5 残りのパータ・シュクレ・リンツァをタルト型に敷き込む。打ち粉（分量外）をしながら麺棒で型よりひとまわり大きく丸く伸ばす。厚みを均等にすること。

6 麺棒で巻き取って型の真上にかぶせ、側面にひだを寄せながら型に沿わせて敷き込む。型の側面と角は指で押さえて密着させる。

7 ふちからはみ出ている生地を押し、ふちの高さをそろえる。ふちの厚みが均等になるように微調整し、冷蔵庫で休ませる。

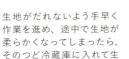

Point
生地がだれないよう手早く作業を進め、途中で生地が柔らかくなってしまったら、そのつど冷蔵庫に入れて生地を締めながら作業する。

8 いちじくのフィリングを作る。ドライいちじくは先端部分の固い軸を取り、粗刻みにする。フードプロセッサーを使ってもよい。

Point
煮詰め方が足りないと、生地と焼いたときに水分が出て生焼けになりやすいのでしっかり煮詰めておくように。

9 広めの鍋に入れ、砂糖、カシスピュレ、水を入れて中火にかける。常に耐熱のゴムべらで混ぜながら焦がさないように加熱する。水分が飛んでくると、焦げやすくなるので注意してよく混ぜる。

10 出来上がり。水分がしっかり飛び、あんこのような固さになったら火を止め、十分さます。

11 7のタルト生地にいちじくのフィリングをのせ、ゴムべらで平らにならす。

12 4の葉っぱ形の生地を周囲に沿ってランダムにのせる。型のふちから大きくはみ出しすぎないように。真ん中にリス形の生地をのせる。

13 180度のオーブンで10分焼き、170度に下げてさらに25〜30分焼く。全体にきれいな焼き色がついたら焼き上がり。粗熱が取れたら型をはずし、完全にさめてからふちに溶けない粉糖を茶漉しかシュガーシェイカーでふる。

プレーン生地で作るリーフ仕上げのタルト

1 パータ・シュクレ・リンツァを、ココアを入れずに同様に作る。⅓量は薄く伸ばして一度冷やし、カエデ型やヒイラギ型で抜く。

2 ナイフで葉脈でつけ、冷凍庫で再度冷やす。

3 ココア入りタイプと同様に残りの生地を型に敷いてフィリングを詰め、ふちにヒイラギ形の生地を並べる。真ん中にカエデ形の生地などをのせ、同様に焼き上げる。

Roots of Recipes —— レシピのルーツ

市場に行くと、クロアチアはいかに自然に恵まれている国かを実感します。野菜やフルーツの種類は豊富で、はちみつやワインも生産者さんが直売しています。特に目につくのが、山盛りのいちじく。緑のものや黒い小粒もあり、フレッシュはもちろん、ドライいちじくや手作りジャムも並びます。セミドライのものは、首飾りのように月桂樹の葉とともに糸でつないで売られていて、それを見かけるたびに「濃厚な甘味がドライでさらに凝縮されていて、お菓子に焼き込んだら絶対においしいだろうな」と思っていました。

タルトに使ったフィリングは、セミドライいちじくと手作りジャムをヒントに考えついたものです。

ドライいちじくは月桂樹と交互に重ねて売られています。香りづけ？虫よけ？でしょうか。

「フィグケーキ」と呼ばれるお菓子。刻んだドライいちじくをオレンジピールなどと一緒に混ぜて押し固めたもので、ワインのおつまみにも楽しまれています。

果物屋さんでは手作りジャムも並んでいます。「味見していって！」と色々なところから声が。

TRAVEL COLUMN

CROATIA

クロアチア編

名物のカスタード菓子に夢中！

クロアチアには2回訪れました。はじめて訪れた2007年にはまだ知名度が低く、「内戦の影響は大丈夫？」と心配されるくらいでしたが、10年後に再訪したときには、日本人の学生グループを見かけるほど、ずいぶんと身近になっていました。2度目は、アドリア海沿いの小さな街をレンタカーでめぐり、スロベニアまで北上しました。このエリアはお向かいのイタリアに似た開放感のある雰囲気。近隣国からの観光客で賑わい、高品質なトリュフやワイン、チーズなどが有名で、洗練されたレストランやカフェも多く、イタリアやフランスなどにも引けを取らない美食の国です。

面白いことに、料理はイタリアっぽいのに、お菓子は東欧圏寄りで、スロベニアでも見かけた「クレーム・シュニッテ」などをいただくことができました。

アドリア海に面した小さな港町・トローギル。リゾート感満載ですが、観光客も多すぎず、ゆっくりと過ごせます。

2度目の訪問はクロアチア第2の都市・スプリットから。アドリア海の眼前にはローマ時代からの遺跡が残ります。

こぢんまりした市場に、旬のフルーツや野菜などがところ狭しと並んでいました。オリーブやフレッシュベリー、いちじくなどは味がとても濃くて新鮮、しかも安くてうらやましい。キッチンつきの宿だったので、材料を買ってスープやサラダを作ることもありました。

魚市場では、女性が樽一杯に漬けた自家製アンチョビを売っていました。新鮮な素材のおかげか、とてもおいしくひと瓶お買い上げ。トマトやサラダ菜を添えるだけで、立派なオードブルになります。

海沿いのスプリットの名物は、もちろんシーフードグリル！

クレーム・シュニッテにはクロアチア各地で出会いましたが、いちばんおいしかったのは、トローギルのお菓子屋さん。パイで挟んだクリーム菓子というよりは、シュークリームのような繊細な食感の生地に感動しました。手前はベリーソース入りのレアチーズケーキ。

最南東にある世界遺産の街・ドブロブニク。この街があるダルマチア地方の名物は、カスタードプリン「ロジャータ」。

日本のプリンのようなタイプは海外では珍しいので、思わずいろんなお店でいただきました。キャラメルソースとカスタードが基本ですが、お店によってはレモン皮で爽やかな香りをつけていたり、ホイップクリームを添えてくれるところも。昔ながらのレシピでは、バラのエッセンスで香りづけるそう。

内陸部にある首都・ザグレブの有名店「ヴィンツェック」のクレーム・シュニッテは、上面がチョコ仕上げ。チョコやマロン、ナッツを使ったものが多く、濃厚な東欧系のケーキがたくさんありました。

リヴァデ村でトリュフ狩り体験

北部のイストラ半島はトリュフの名産地。「モトブン」という町がとりわけ有名ですが、私が訪れたのは、そのおひざもとにある人口400人程度の小さな村・リヴァデ。目的はトリュフ狩りです。

トリュフハンターのニコラさんの案内で、村から車で5分ほどの森のなかへ。小雨が降る日でしたが、決行！ 2匹のトリュフ犬がさっそくなにか嗅ぎあてます。クロアチアでは、豚ではなく、犬が多いそうです。

ニコラさんがスコップで掘り起こすと……、泥の中から出てきたのは白トリュフ！ 黒トリュフが主流ですが、初秋にだけ白トリュフが採れます。こんなに小さくても、掘り出したその時から強烈な香りが。

ニコラさんが案内してくれたはちみつショップ。はちみつウォッカの試飲をさせてもらい、昔ながらのにちみつ採取方法なども説明してくれました。百花密やマロンのはちみつのほかに、風邪にも効く栄養たっぷりのものや花粉玉なども売られていました。粒状の花粉玉はヨーグルトなどに入れて食べるそうです。

トリュフ専門レストランの横にはトリュフ製品を扱うショップがありました。白トリュフは100g約18000円（産直値段です！）黒の3倍のお値段。トリュフは卵との相性もよいので、カスタードプリンの香りづけに入れてもおいしいですが……一気に高級プリンになってしまいますね。

トリュフを発見すると、犬が食べてしまわないようにニコラさんは素早く犬を退け、かわりにおやつをご褒美にあげます。トリュフ犬は小さなときから訓練されているそう。トリュフ犬のネーロ、まだ見習い犬のビバもお疲れ様。ちゃんとおとなしく車に一緒に乗って帰ります。

地元でポピュラーなのは、トリュフパスタ。こちらは庶民的なお値段。隣のテーブルでも香るほど、たっぷりかかっていました。

3

旅から生まれたアレンジレシピ

イタリア
Italy

エスプレッソケーキ

フロランタン・ショコラ

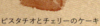
ピスタチオとチェリーのケーキ

　ヨーロッパの食文化は、ローマ帝国の発展によって、各地へと広がったといわれています。そのため、サブレやクッキーのもとになった「ビスコッティ」、色とりどりのマカロンのもとになった「アマレッティ」など、世界中で人気のお菓子には、イタリアの郷土菓子をもとにしているものが多いのです。

　最南端のシチリア島では、カカオ豆のざらりとした食感が残ったままの板チョコレートや揚げ菓子など、古来から作られている素朴なお菓子が売られています。世界各地の洗練されたお菓子の原形を、いまでも見つけられるのがイタリアの面白いところです。

　ここでは、エスプレッソや、特産のピスタチオ、アーモンドをたっぷり使い、味ではイタリアらしさを全面に引き出しながら、日本人が好きな食感にアレンジ。私流に洗練させてみました。

エスプレッソケーキ

　レモンケーキ型の分厚く丸みのある形状は、ふんわりしっとりの生地のおいしさを味わうのには最適な形。それなのに、レモンの形というだけで、レモン風味のお菓子にしか使用しないなんてもったいない！　と思い、イタリアのカフェをイメージしてエスプレッソ風味のケーキを作ってみました。

　生地にはエスプレッソ用に細かく挽いた粉末コーヒー豆を使っています。インスタントコーヒーでは出せない香ばしく深みのある風味が味わえます。上面には、コーヒーとラムのアイシングをかけて、サクッとした食感をプラスしました。

エスプレッソケーキ

Italy

材料　レモン型 13 個分

ケーキ生地
- 全卵 ………………………… 2個（120g）
- 黒糖（粉末タイプ） ………………… 16g
- 上白糖 ………………………………… 64g
- 薄力粉 ……………………………… 120g
- ベーキングパウダー …………………… 2g
- エスプレッソ用細挽きコーヒー ……… 10g
- はちみつ ……………………………… 20g
- 食塩不使用バター …………………… 80g
- ラム酒 ………………………………… 20g

アイシング
- 粉糖 …………………………………… 2g
- ラム酒 ………………………………… 10g
- インスタントコーヒー ………………… 80g
- 水 ……………………………………… 少量
- カカオニブ …………………………… 適量

＊黒糖がなければ上白糖でもよい。

下準備
- 型に食塩不使用バター（分量外）を塗って冷蔵庫で冷やし固め、強力粉（分量外、なければ薄力粉）を全体にまぶす。逆さにして型を叩き、余分を十分に落とす。冷蔵庫で冷やしておく。
- はちみつとバターを合わせてレンジにかけて溶かし、40度くらいにしておく。

作り方

1　卵をほぐして黒糖、上白糖を加え、湯煎にかける。泡立て器でかき混ぜながら 45 度くらいまで温める。温めることで糖類が溶け、泡立ちもよくなる。

2　ハンドミキサーを高速にし、よく泡立てる。

3　ボリュームが出て泡立て器のあとがつき、持ち上げると泡立て器のなかに一瞬こもって、ゆっくりと落ちるぐらいの固さに泡立てる。

4　薄力粉、ベーキングパウダー、コーヒーを合わせてふるい入れ、ゴムべらでボウルの底から全体を大きく混ぜる。

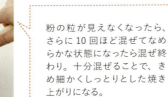

Point　粉の粒が見えなくなったら、さらに 10 回ほど混ぜてなめらかな状態になったら混ぜ終わり。十分混ぜることで、きめ細かくしっとりとした焼き上がりになる。

5　はちみつとバターを溶かしたところに 4 をひとすくい加え、泡立て器でよく混ぜる。溶かしバターを生地の一部と乳化させることで、全体が混ざりやすくなる。

6 よく混ぜても分離しているようならもう少しだけ生地を加え、しっかり乳化させる。

7 6を4のボウルに戻し、ゴムべらで底から混ぜて、全体をまんべんなく合わせる。

Point

バターが入ると生地の泡が消えやすいので、混ざった時点でやめ、絶対に混ぜすぎないように。

8 用意した型に等分に流し、180度のオーブンで約15分焼く。

9 焼き上がったら65ページを参照して型から出す。熱いうちに刷毛でラム酒を軽くしみ込ませる。

10 アイシングを作る。粉糖にラム酒で溶いたインスタントコーヒーを加えて混ぜ合わせる。水をごく少量ずつ加え、ゴムべらを持ち上げるとたらたらとつながって落ちる程度の固さに調節する。

11 刷毛でケーキの表面に薄く塗る。刷毛を寝かせて一気に塗り伸ばす。部分的にペタペタと塗ると厚みにむらができる。

12 カカオニブをふり、180度のオーブンに1分程度入れ、アイシングを乾かす。できたてでも、2日くらい寝かせてからでもおいしい。

Roots of Recipes — レシピのルーツ

イタリアの街を歩くと、つねにどこかのバルやカフェから香ばしいエスプレッソの香りが漂ってきます。朝になると、通勤途中のサラリーマンが立ち飲みバルで、店員と軽く挨拶を交わしてエスプレッソをさっと飲み干し、すぐに会社へ向かうところをよく見かけました。ちなみに、エスプレッソにミルクフォームを注いだカプチーノも、現地では朝の飲み物なのだそうです。

いろんなエスプレッソを試してみたくなり、ある朝、リキュール入りエスプレッソの「カフェ・コレット」を頼んでみたら、店員さんに「お酒入りだよ!?」と驚かれてしまいました。同じエスプレッソでも、アルコールが入るとさすがに朝の飲み物ではなくなるようです。

カフェ・コレット

ハートのカプチーノ

ピスタチオとチェリーのケーキ

Italy 🇮🇹

ピスタチオとアーモンドをたっぷりと使ったリッチな半生ケーキです。
　ピスタチオペースト入りのしっとりとした生地にV字のカットを入れ、口どけのよいバタークリームと甘ずっぱいドライチェリーをサンド。刻んだアーモンドに糖衣をかけた「クラックラン」をまわりにたっぷりまぶし、香ばしく仕上げました。
　スライスすると断面がきれいなので、プレゼントにもぴったりです。

材料　18×7cmのとい型1本分

ピスタチオ生地
- アーモンドパウダー……60g
- ピスタチオペースト……40g
- 粉糖……50g
- 卵黄……2個
- 牛乳……50g
- 薄力粉……40g
- ベーキングパウダー……2g
- 食塩不使用バター（溶かしておく）……30g

イタリアンメレンゲ
- 卵白……30g
- 砂糖……50g
- 水……25g

バタークリーム
- イタリアンメレンゲ……左記から30g
- 食塩不使用バター（室温で柔らかくしておく）……60g

クラックラン
- 砂糖……15g
- 水……10g
- アーモンドダイス……25g

ポンシュ
- キルシュ……20g
- 水……10g
- ドライチェリー……30g
- キルシュ……10g
- 溶けない粉糖……適量

＊ポンシュの材料はあらかじめ混ぜ合わせておく。
＊溶けない粉糖はデコレーション用のシュガーパウダー。

下準備
ドライチェリーは粗刻みにし、キルシュをふりかけてなじませておく。

作り方

1 ピスタチオ生地を作る。アーモンドパウダー、ピスタチオペースト、粉糖、卵黄、牛乳をハンドミキサーで白っぽくなるまで泡立てる。

2 薄力粉、ベーキングパウダーを一緒にふるい入れ、ゴムべらで粉っぽさがなくなるまで混ぜ合わせる。

3 溶かしバターを加え、まんべんなく混ぜ合わせる。

ピスタチオとチェリーのケーキ

4 とい型にオーブンペーパーを敷き、生地を流す。

5 ゴムべらでならして真ん中をくぼませ、170度のオーブンで35分ほど焼く。

6 オーブンシートの上に逆さにおいてさます。サイドにナイフを差し込んで型から出し、紙をはがす。

7 バタークリーム用のイタリアンメレンゲを作る。卵白をハンドミキサーで固く泡立てる。砂糖と水を小鍋でわかし、117度程度まで煮詰める。泡立てた卵白に、シロップを熱いうちに少しずつ加え、ハンドミキサーで泡立てる。

8 さらに泡立て、つややかでしっかり角が立つ固いメレンゲに仕上げる。

9 さめたら30gをボウルに移し、クリーム状に柔らかくしたバターを2回に分けて加え、そのつどハンドミキサーで白っぽくなるまで撹拌する。

10 クラックランを作る。砂糖と水を鍋に入れて火にかけ、煮詰まってねっちりとしてくるまで加熱する（約118度）。

11 すぐに火を止めてアーモンドダイスを入れ、結晶化して白くぼろぼろの状態になるまで混ぜ合わせる。

12 中火にかけ、こうばしい香りが出てくるまで混ぜる。うっすら茶色がかってきたら出来上がり。

13 オーブンシートに広げ、十分にさます。

14 6のピスタチオ生地にV字の切り込みをていねいに入れて切り分ける。紙を敷いた型に下側の生地をはめる。

Point

切り込みが浅いとクリームが少ししかサンドできず、深すぎると割れてしまうので注意。Vの先が、真ん中よりやや深いぐらいが目安。

15 カット面にポンシュを刷毛でたっぷりしみ込ませる。

16 バタークリーム50gを厚みが均等になるようにパレットで塗る。

17 下準備したドライチェリーを散らし、軽く押しつける。

18 上側の生地にもカット面にポンシュを刷毛でしみ込ませ、元どおりの形になるようにかぶせる。押しつけてなじませる。

19 逆さにして紙ごと型から出す。残りのバタークリームを均等になるように全体に塗る。

20 さましたクラックランをまぶし、バタークリームに軽く押しつける。溶けない粉糖を茶こしかシュガーシェイカーでふり、冷蔵庫で1時間以上冷やす。温めたナイフで好みの幅にカットする。1日おくとクリームと生地がなじんでおいしくなる。

Roots of Recipes

レシピのルーツ

高品質なピスタチオの生産地として有名なシチリアでは、いろんなピスタチオ製品に出会えます。刻みピスタチオをたっぷり混ぜ込んだケーキやクッキー、ペースト入りのマジパンやジェラートなどのスイーツだけでなく、クリームリキュールやパスタソースまでが並んでいます。ピスタチオは、東部にあるエトナ山周囲のブロンテ産が最も品質が高いものとして有名です。

日本では高価でなかなか手軽には使いづらいですが、チェリーやベリーとの相性は抜群で、贅沢なおいしさです。特別な日やプレゼントにはぜひお試しください。

生菓子にもピスタチオをまぶしたものや、ピスタチオ入りマジパンが使われています。

瓶詰めされたピスタチオのペースト。お菓子作りやパスタソースに使えます。

ピスタチオのペーストと砂糖を練り合わせたマジパン菓子。焼いたものや砂糖をまぶしたものもあります。

TRAVEL COLUMN

ITALY

シチリア編

伝統的な味と製法を守る島

イタリアのつま先に浮かぶ大きな島・シチリアに興味を持ったのは、いつも使っているピスタチオやアーモンドがシチリア産だったことと、カンノーロなどの個性的な郷土菓子をぜったいに食べてみたいと思ったから。実際に体験すると、食べたことがないほどの強烈な甘さに衝撃を受けましたが……、ゆったりと流れる時間、開放感のある雰囲気、アラブとヨーロッパの交差点となった歴史的背景と文化、素材を生かしたシチリア料理に魅了され、気づけば3度も足を運んでいます。

「このチョコ、古くなってざらざらしているのかしら」と思ったものが、実は昔ながらの製法が理由だったとあとから知ったり、アーモンドから作るワインやピスタチオのミルクリキュールに出会ったりと、行くたびに発見があり、「まだまだ知りたいシチリア」です。

タオルミーナは小高い丘にある小さな街。円形劇場などの遺跡があり、映画撮影にも使われることから、世界中から観光客がやってきます。

シチリア名物のカンノーロ（上）とカッサータ（左）。カンノーロは丸く揚げた生地に濃厚なチーズクリームやチョコクリームを詰めたお菓子。カッサータはリコッタチーズをスポンジで挟み、マジパンやアイシング、フルーツの砂糖漬けでデコレーションしたもの。とにかく甘く、食感も単調なので、ひとつ食べ切るのもなかなか難しかったです。

ウチワサボテンがそこらじゅうに生えていました。トゲを処理した実は、フルーツとして売られています。

カッサータはホールケーキもありました。華やかで美しいですが、家族で食べきれるのかな？と勝手に心配になりました。

マジパン細工は種類が豊富！ もともとはフルーツの形でしたが、最近は貝や魚まで。どれもとっても甘いです。

アーモンドを挽いてマジパンを作るところからすべてお店で手作りしているので、マジパンはフレッシュでよい香りがしていました。

店の奥で着色を施していました。こんなに大きなものをたくさん作っているなんて、シチリア人はやっぱり甘いもの好きなのでしょうか。

ジェラートはどこで食べても最高においしい！ ピスタチオとフレーズドボワ（森のいちご）がたっぷりのケーキ（写真奥）も甘さ控えめでした。

クッキングレッスンでカンノーロ作り

レストランでレッスンを受けました。シェフのアンジェロさんの案内で市場へ。さすがは海辺の街、新鮮な魚が種類豊富です。

前菜の「花ズッキーニのフリット」を作ります。花を食べるのははじめてです。味つけしたリコッタチーズを花の中に注入し、衣をつけて揚げます。かぼちゃの花も同じようにして食べるそうです。

オハイオ州から参加したご夫妻も、息の合った共同作業でてきぱき作業を進めていきます。

絞り袋を使うのは慣れているから……と、私も積極的にチャレンジ。

フリットの完成。奥はトマト、なす、ズッキーニなどを揚げ煮したカポナータ。

アーモンドやピスタチオを使ったヌガーやクッキーを販売する「パスティッチェリア」もよく見かけました。ふんだんにナッツを使えるのは原産地ならではですね。

どんなに小さな街にも、素朴なビスコッティを量り売りするお菓子屋さんがあります。地元の人たちに愛されているようです。

手打ちパスタと青魚のトマト煮込みもあっという間に完成。パスタは針金のような固い棒に巻きつけて成形しましたが、素人が作ると長さも太さもばらばら…。でも、歯ごたえのある食感とソースへのからまり具合はばっちりでした。

デザートはカンノーロ。本来は粉を練って生地を作りますが、今はできあがった生地がスーパーで手に入るそうです。

リコッタチーズに砂糖を加え、オレンジピールやチョコチップなどの好みの具材を混ぜ込みます。生地に詰め、ピスタチオをトッピング。レストランならではの軽くてフレッシュなカンノーロでした。

シチリア南部のモディカという小さな街は、昔ながらのチョコレートが名物。老舗では、精製しすぎず、カカオ豆のざらっとした食感を残した板チョコを発見。たくさんの種類がテイスティングできます。日本でも流行しはじめている「ビーントゥバー！」の先駆けのようなお店でした。

フロランタン・ショコラ

　フロランタンは、もとはフロレンティーナ（フィレンツェ風）が語源で、イタリアに起源があるといわれています。日本ではクッキー生地にヌガーを薄く重ねてカットしたお菓子として定着していますが、クッキー生地ではなく、型抜きしたチョコレートとヌガーを重ねたタイプもヨーロッパではちらほら見られます。
　ここではより簡単に作れて、よりナッツのおいしさを堪能できるよう、薄く焼いたヌガーの裏にチョコレートを塗って仕上げるだけのお手軽タイプをご紹介します。ヌガーの香ばしさが引き立ち、いつものフロランタンとはまた違うおいしさです。

Italy

材料
ふちの直径6cm、底の直径約5cmのシリコン製フランモールド15枚分

ヌガー生地
- 砂糖 ……………………………… 23g
- 食塩不使用バター ……………… 23g
- はちみつ ………………………… 15g
- 生クリーム ……………………… 15g
- アーモンドスライス …………… 45g

仕上げ用
- コーティングチョコレート（ビター） …… 20g
- カカオマス ……………………… 20g

＊ココア生地の場合は、アーモンドスライスと一緒にココア5g、カカオニブ10gを加えて作る。

作り方

1 砂糖、バター、はちみつ、生クリームを小鍋に入れて中火にかける。耐熱のゴムべらか木べらで混ぜながら加熱する。

2 全体的に濃度がつき、薄茶色がかってきはじめたら火を止める。煮詰めすぎると生地を型に分けづらくなるので注意する。

3 すぐにアーモンドスライスを加えてよく混ぜる。

4 ヌガーが熱いうちに型に15等分にして入れ、フォークなどで型の底にざっと広げる。

5 180度のオーブンで10〜11分ほど焼き、全体が濃い茶色になったら焼き上がり。

6 さめて固まったら下から押し出して型から出す。焼き上がりは柔らかいので、必ずしっかりさめてから取り出す。

Point
焼くと溶けて広がるので、きれいに平らにならなくてもよい。さめてきたら鍋ごと火にかけ、軽く溶かして分ける。

7 チョコレートとカカオマスを湯せんで溶かし、裏面にパレットで塗る。冷蔵庫で冷やし固める。湿気ないように密閉容器に入れて保存し、なるべく早めにいただく。

TRAVEL COLUMN

ITALY

花の都らしい華やかなスイーツたち

フィレンツェ編

　洗練された街並み、ルネサンス様式の建物やアート、そして華やかなパスティッチェリア(お菓子屋さん)とおしゃれなカフェ。地元の紳士が朝のエスプレッソをカフェでさらっと飲み干し、足早に出勤していく様子は、のんびり開放的なシチリアとは対照的です。

　まるで別の国のように、南北では文化も食も人々の気質も異なるとは聞いていましたが、ここまで違うとは！　じっさいに目の当たりにし、改めて「花の都」の所以を実感しました。とはいえ、お菓子はティラミスやカンノーロなどほかの地方のものもあり、ジェラートは、材料の産地にもまったく引けを取らない最高のおいしさでした。

フィレンツェのシンボル、大聖堂。先端に登るには前日に予約が必要なほど、観光客に溢れていました。

さすがはフィレンツェ、センス溢れるシャツ屋さんやステーショナリーを並べるギフトショップがいっぱい。

最初に目を引いたのは、砂糖菓子屋さんの華やかなショーケース。ルネッサンス時代の貴婦人も、こんなボンボンを味わっていたのかしら、なんて想像がふくらみます。

カフェつきのパスティッチェリアでは、ティラミスやシチリア名物のカンノーロなど、イタリアを代表するお菓子が並んでいます。

ビスコッティやヌガーは山積みに。少し固めのビスコッティはカプチーノや甘口ワインに浸しながら食べるとおいしいです。

チョコレートショップでは、繊細なボンボンショコラより、ナッツたっぷりのものや、ドライフルーツのチョコレートがけなど、素朴なものがたくさんありました。食用ほおずきをチョコレートコーティングしたものも。

リキュールボンボン。アニスのような独特なフレーバーのものありました。噛むとサクッとした食感で、中からリキュールがあふれ出します。

色とりどりのパート・ド・フリュイ(フルーツのピュレを煮詰めたハードゼリー)。いろんな形があるうえに、アイシングでデコレーションまで施されています。ヨーロッパ各地にありますが、ここまで精密なものははじめて見ました。

ふわっふわの揚げ菓子、ボンボローネ

ウフツィ美術館を見学したあと、近くのパスティッツェリアに寄ると、丸々としてなんともおいしそうなボンボローネに出会いました。イタリア発祥のドーナッツで、フィレンツェでとくによく食べられているそう。穴はあいておらず、なかにはクリームが詰まっています。カスタードクリーム入りをひとつ買って、美術館脇の路地でさっそくぱくり。ほんのりレモン風味の生地はふわっふわで、美術館見学の疲れが一気に吹き飛ぶおいしさでした。その感動が忘れられず、帰国後に自分で再現してみました。

まさに揚げドーナッツ。なかのカスタードは固めで甘さ控えめ。チョコクリームも売られていました。

再現レシピ

材料

A
- 強力粉 ………… 110g
- 薄力粉 ………… 20g
- 砂糖 ………… 15g
- 塩 ………… 1.5g
- レモン皮のすりおろし ………… 少々
- ドライイースト ………… 3g

- 卵黄 ………… 1個
- 牛乳 ………… 80g
- 食塩不使用バター ………… 20g
- 揚げ油 ………… 適量
- カスタードクリーム ………… 適量
- グラニュー糖 ………… 適量

作り方

1. バターは室温において柔らかく戻しておく。
2. <A>の材料をボウルに入れ、卵黄と牛乳を加えてよく混ぜ合わせる。
3. 台の上に出してよくこねる。ひとまとまりになって、手につかなくなったら、バターを加えて練り込む。
4. なめらかになったら、丸めてボウルに入れる。ラップをかけ、温かいところ（30度程度）で、約2倍の大きさになるまで1次発酵させる。
5. 生地を7等分して丸める。生成りの布やキャンパス地の上に並べ、軽く押さえて扁平にする。
6. 温かいところで50〜60分2次発酵させる。
7. 170度の揚げ油で3〜4分揚げる。途中2回ほどひっくり返し、均一に色づける。
8. 好みで絞り袋でカスタードクリームを注入し、グラニュー糖をまぶす。

4

旅から生まれたアレンジレシピ

レバノン

イラン

Lebanon & Iran

りんごの赤ワイン煮入り
チーズケーキ

ピスタチオナッツの
「ギャズ風」サブレと
デーツのスイーツ

　中東のお菓子といわれても、多くの方はピンとこないかもしれません。
　気温が高く、乾燥した気候では、身体のエネルギーをたくさん消費するからでしょうか。揚げ菓子や、濃厚なシロップやはちみつをべっとりからませた「バクラヴァ」「ブルマ」など、油脂分も甘味も非常に強く、濃厚すぎて日本人にはなかなか受け入れづらいものです。中東に多く住むイスラム教徒はアルコールを禁じられているため、そのぶん甘いお菓子が食べたくなる、ともいわれています。
　とはいえ、ピスタチオやデーツなど、材料と組み合わせ自体は日本人好み。そこで、現地のお菓子からは完全に離れ、手軽に手に入る材料で、多湿な日本の気候でもおいしく感じられるさっぱりした創作菓子を作ってみました。中東のお茶「チャイ」と一緒にいただけば、洋菓子や和菓子では味わえないエキゾチックな雰囲気を楽しめます。

りんごの赤ワイン煮入りチーズケーキ

　レバノンの朝食には、濃縮したヨーグルトのような爽やかな酸味を持ったなめらかなフレッシュチーズが欠かせません。そこに、りんごを組み合わせてチーズケーキにしてみました。良質なワインの産地でもあるレバノンをイメージし、りんごは赤ワインで煮込んでいます。

　香ばしい練りパイ生地に、なめらかなチーズとりんごを詰め、シュトロイゼルをふってじっくり焼き上げました。シンプルですが、いろんな食感が楽しめます。よく冷やしてから召し上がれ。

りんごの赤ワイン煮入りチーズケーキ

Lebanon

材料　直径18cmのタルト型（底がはずれるタイプ）1台分

りんごの赤ワイン煮

りんご（紅玉）	½個
砂糖	15g
赤ワイン	60g
レモン汁	5g
シナモンパウダー	少々

パータ・ブリゼ

強力粉	35g
薄力粉	35g
塩	2g
砂糖	10g
食塩不使用バター	35g
冷水	27g

アパレイユ

クリームチーズ	160g
砂糖	30g
生クリーム	35g
卵白	35g
レモン	5g

シュトロイゼル

食塩不使用バター	20g
粉糖	20g
薄力粉	35g
水	2〜3g

作り方

1 りんごの赤ワイン煮を作る。りんごの皮をむいて1cm幅のくし切りにし、砂糖、赤ワイン、レモン汁と一緒に10分ほど落としぶたをして煮る。

2 柔らかくなったら火を止め、シナモンパウダーをふって一晩おく。キッチンペーパーの上に並べ、上にもペーパーをのせて軽く水気を取る。

3 65ページを参照してパータ・ブリゼを作り、型に敷き込む。打ち粉（分量外）をしながら麺棒で3mm厚さ、型よりひとまわり大きな円形に伸ばす。厚みが均等になるように伸ばすこと。

4 麺棒で巻き取って型の真上にかぶせ、側面にひだを寄せながら、型に沿わせて敷き込む。側面は生地がたっぷりとたるむぐらい余裕を持たせる。

5 麺棒をふちの上で転がし、余分な生地を取り除く。冷蔵庫で1時間休ませる。

> **Point**
> ブリゼはとても縮みやすく、休ませている間にも縮むので、まずはゆるめにしておく。

6 たるんでいる生地を型の側面と角に指でしっかり密着させる。

> **Point**
> 生地がだれないよう手早く作業を進める。べたつくときは、少量打ち粉を使う。

7 キッチンばさみを使い、ふちより2〜3mm高いところでカットする。フォークで底全体に穴をあける。

8 型よりふたまわりほど大きな円形にクッキングペーパーを切り、型の高さのぶんだけ切り込みを入れる。型にのせ、重石（小豆やアルミ製のものなど）をのせ、200度のオーブンで20分焼く。

> **Point**
> 型を傾けて重石を取り出してからペーパーをはがすとやりやすい。やけどに注意！

9 重石とペーパーをはずし、さらに10分焼く。

10 アパレイユを作る。柔らかくしたクリームチーズと砂糖をよく練り合わせ、なめらかになったら残りの材料を順に加えてそのつどよく混ぜる。

11 9の上に水気を取ったりんごの赤ワイン煮を並べ、アパレイユを平らに流す。

12 65ページを参照してシュトロイゼルを作り、全体にまんべんなくふりかける。

13 180度のオーブンで10分、170度にしてさらに20分焼く。粗熱が取れたら冷蔵庫でよく冷やしてからいただく。

道でもらった青りんご

料理教室でもりんごがふるまわれました

Roots of Recipes — レシピのルーツ

中東の国というと暑いイメージなので、涼しい地方で育てられるりんごは意外に思われたかもしれません。確かに海沿いはバナナが採れるほどの暑さなのですが、山岳地帯は冬場にスキーができるほど涼しいのです。岐阜県ほどの狭い国土なのに、場所によって気候が大きく異なる面白い国です。

9月に訪れたときには、高地のいたるところでりんごが実り、道を聞いただけなのに自分の庭のりんごをその場で摘んでプレゼントしてくれました。また、料理教室（53ページ参照）でも、デザートに自家製のりんごをふるまってくれました。レバノンにはやさしい人々とりんごの思い出がたくさんあります。

名産品を組み合わせたチーズケーキ、親切で世話好きなレバノンの人々に、いつか食べてもらいたいです。

TRAVEL COLUMN

LEBANON

レバノン編

とーっても甘いアラブ菓子！

　もっとも印象的だったのは、緑豊かだったこと。日本人にとっては、中東は「砂漠、石油、ちょっと治安が心配」というイメージですが、豊かな森や山に恵まれ、農産物も豊富です。

　また、小さな国のなかで、さまざまな宗教と文化を持つ人々がうまく共存していることも感じました。レバノンの人は、初対面でもすぐに打ち解ける気さくさと陽気さがあり、その気質が共存の秘訣なのかもしれません。私も安心して旅することができました。

　お菓子はアラブ菓子が主流ですが、ベイルートのような都会では、若い人々を中心に欧風のお菓子も少しずつ浸透してきているようです。

首都・ベイルートは地中海沿いのリゾートのような雰囲気で、ショップやホテルが建ち並んでいます。街にはモスクも教会もあり、いろいろな宗教と文化を持つ人々が共存しているのを感じました。

バールベックなど、世界遺産がすばらしい保存状態で残っています。

バールベックそばの小さなバーに寄ると、何やらおいしそうなものが。興味津々で見ていると、作り方を説明しながら実演してくれました。「スフィーハ」という小さな包みピザで、具材は羊のひき肉にトマトやスパイスを混ぜたもの。スナックとして楽しまれるそうです。

小皿にのった前菜がいくつも並ぶ「メゼ」が、レバノン料理の定番スタイル。代表的なメニューはヒヨコ豆ペースト「フムス」、なすペースト「ムタッバル」、パセリ、トマト、きゅうりのサラダ「タッブーレ」。ペーストは薄焼きパンにつけて食べます。

ベイルートのアラブ菓子屋さん。大量のお菓子が山盛りにディスプレイされています。職人さんができたてをトレーにのせて次々と運んできていました。

小麦粉の薄い生地とナッツを重ねて焼き、シロップをたっぷりかけたバクラヴァ系、麺状の細い生地（カダイフ）でナッツペーストを巻いたお菓子がほとんど。

本来は量り売りだそうですが、特別にひとつずついろんな種類を売ってもらいました。どれも蜜がしみ込み、とーっても甘い。苦いコーヒーがあれば、少しずつ楽しめそうです。

レバノンの家庭で、お料理レッスン

海岸沿いの街では、ガイドさんの紹介でアントワネットさん宅におじゃましました。小柄でとてもかわいらしいお母さん。今日のメニューはチキンと大きななすの炊き込みごはん、フムス、タップーレです。

アントワネットさんはアラブ語を話すので、姪っ子ちゃんが通訳のお手伝いに来てくれました。若い世代は母国語に加え、英語やフランス語に堪能な人が多いそうです。

ビュッフェのデザートは、欧風とアラブ風がミックスされていました。マーブルケーキもあれば、ナッツたっぷりのアラブ風お菓子も。私はフランボワーズタルトと、春巻き風のアラブ菓子をチョイス。飲み物はローズウォーターです。

なすを揚げたり、パセリやトマトを刻んだりと、私もお手伝い。

欧風のケーキ屋さんはベイルートで数軒だけ見つけました。統治時代の影響か、フランス菓子がベースで、タルト、パウンドケーキ、オペラ、ロールケーキなど、なじみ深いものが多かったです。地方では見かけなかったので、アラブ菓子がまだまだ主流のようです。

大きな鍋でごはんを炊いたら、鍋ごとひっくり返して大鍋に盛りつけ。ローストしたアーモンドスライスを散らします。

今日はじめて会ったのに、みんなすっかり家族のようです。食後には、旅のドライバー兼ガイドのラムジーさんが、アラビックコーヒーの淹れ方を教えてくれました。

ギフト用の箱詰め。中身は自分で選ぶこともできます。日本人の私たちには、ドライフルーツにナッツを挟んだもののほうが口に合うかもしれません。おみやげはそちらがおすすめ？

ほろ苦いコーヒーに合わせて出してくれたのは、お手製のいちじくとナッツのジャム。甘さ控えめで、いちじくの自然な甘味とつぶつぶ感、ゴマやクルミの食感がアクセントにきいていました。クレープのような薄いパンにつけて食べると最高！あまりのおいしさに感動していると、おみやげに持たせてくれました。

ピスタチオナッツの「ギャズ風」サブレ

Iran 🇮🇷

　古都エスファハンの名物は、この地で採れるピスタチオをたっぷり練り込んだ白いヌガーの「ギャズ」。デーツのスイーツとともにチャイを飲みながらいただきます。
　家庭でヌガーを作るのは難しいので、小さなピスタチオサブレに粉糖をまぶし、「ギャズ風」にアレンジしました。イラン流にデーツのスイーツやミントティー、ジンジャーティーと一緒にいただいてみてください。

材料　約45個分

サブレ生地

粉糖	30g
アーモンドパウダー	30g
薄力粉	60g
食塩不使用バター	60g
ピスタチオ	15g

仕上げ用

溶けない粉糖	適量

＊ピスタチオがないときは、ローストしたアーモンドスライス、くるみでもおいしくできる。
＊溶けない粉糖はデコレーション用のシュガーパウダー。

作り方

1　フードプロセッサーに粉糖、アーモンドパウダー、薄力粉、バター（冷たく固い状態のままでよい）を入れる。フードプロセッサーをまわし、粉々の状態にする。

2　まわし続け、しっとりとしたそぼろ状になったらピスタチオを加え、混ざる程度にざっとまわし、粗刻みにする。まわしすぎるとピスタチオが粉々になるので、混ざったらすぐ止める。

3　まな板や台の上に移して2等分する。それぞれ打ち粉（分量外）をしながら24cm程度の棒状に伸ばし、ラップを敷いたバットにのせて30分冷凍する。

4　9〜10mm厚さの輪切りにし、オーブンシートを敷いた天板に並べ、180度のオーブンで10分ほど焼く。

5　焼き上がり。焼き色がうっすら全体につけばよい。完全にさます。

Point
濃く焼き色をつけないほうが、ギャズらしい雰囲気に仕上がる。

6　さめたサブレを粉糖と一緒にビニール袋に入れ、封を閉じてからよくまぶし、白く仕上げる。余分な粉糖をはらってできあがり。冷暗所で1週間ほど保存可能。

デーツのスイーツ

デーツ（ドライプルーンの種抜きでもよい）をナイフで縦に裂き、ローストしたくるみを半割りにして挟む。ぎゅっと押しつけてなじませる。プルーンの場合はさらに横半分にカットしても。

TRAVEL COLUMN

IRAN

イラン編

イラン人は甘いものへの好奇心が旺盛！

　訪れる前には、それはそれは身構えました。「女性は髪を隠す」「お酒は飲んではいけない」など、旅行者であってもイスラームのルールを厳守しなければいけない国だからです。ですが、いざ訪れてみると、若者はファーストフードを食べ、誕生日は家族で洋風のケーキで祝い、ノンアルコールのビールを飲んでいました。文化は違えど、私たちと変わらない生活を送っているのだと知り、一気に親近感がわきました。

　なにより、人々は親切で、しかも親日的。現地の人たちとの交流には心温まるものがありました。彼らは甘いものが大好きで、郷土菓子も欧風ケーキもとっても種類豊富。いろんなタイプのお菓子を日常的に楽しんでいるそうです。おみやげに持って行った私の手づくりクッキーも「サクサクしておいしい！」と喜んでもらえました。

古くから貿易の拠点として栄え、16世紀ごろにはあまりの繁栄ぶりから「世界の半分」とすらいわれた都市・エスファハーン。美しいブルータイルでできた巨大なイマーム・モスクと広大な庭園を見ていると、本当に世界の半分と思えてきます。

水が流れる庭園。水が貴重な南部では、とくに富の象徴だったようです。

異国情緒溢れる商店街へ。ペルシャ絨毯は安いものから高価なものまでずらり。ピクニックから嫁入り道具まで、イラン人にとっては、生活に密着したものなんだそうです。

一大産地なだけあり、市場ではピスタチオがたくさん売られています。生のものははじめて見ました！

食後はカスピ海に浮かぶ桟橋で、デーツと一緒にチャイを楽しみました。イランのチャイはノンシュガー。かわりに、砂糖の結晶をかじりながら飲んだり、サフランで色づけしたスティックシュガーで混ぜながら飲みます。

朝は薄焼きパンが一般的で、ヨーグルトやはちみつ、フルーツなどをたっぷりつけます。

外国人でも女性は髪と肌を隠す服装が求められます。一番手軽なのは「ヒジャブ」と呼ばれるスカーフ（右）。大多数の女性はこれを使い、色や巻き方を工夫してファッションを楽しんでいます。

すっぽりかぶれる「マグナエ」。涼しくて気に入りましたが、店員さんに「先生みたい」と笑われました。真面目な雰囲気になるようです。

全身を覆う「チャドル」は正装。モスクや寺院に入るときは必ず着ます。都会の若い女性が着る機会はあまりないそう。

エスファハーンのお菓子屋さん見学

ガイドさんにケーキ屋に行ってみたいとお願いしたら、なんと厨房見学できるように交渉してくれました。私がパティシエだったことと、「マグナエ」を被っていたのが好印象だったようで、特別許可が下りたそうです。

料理学校にも訪れました。デザートはライスプディング。甘みをつけて柔らかく炊いたごはんを、サフランで色づけます。仕上げはシナモンパウダーで模様を。

厨房は土足厳禁。シューズカバーをして入室します。中東全般にいえることですが、とくにイラン人は清潔好きです。

厨房設備は日本とまったく同じでした。こんなに遠くて文化が違う国でも、私たちと同じ仕事をしているのですね。

ミキサーや生地を伸ばす機械も同じ。親近感がわいて嬉しくなりました。違いといえば、職人に女性がまったくいないことです。店員さんには女性もいました。

夜はホテルのガーデンカフェへ。揚げ菓子にはもちろん蜜がたっぷりまぶしてあります。でも、清涼感のあるミントティーと一緒だと意外といくつも食べられます。

中東菓子と欧風ケーキがどちらも並んでいます。クッキーは甘さ控えめで、ギフト用に美しく箱詰めされています。

エスファハーン名物の「ギャズ」。食感はマシュマロのようにふんわり。なかにピスタチオがたっぷり入っています。ピスタチオが多いほど高級品です。

北部では郷土菓子の屋台を発見。くるみ餡が入り、ほんのりスパイスが香るおまんじゅうのような焼き菓子で、「コルーチェ」というそう。専用の道具でうずまき模様をつけて仕上げます。

華やかなホールケーキもありました。お酒を飲まないイラン人は甘いものが大好きで、ケーキも日常的に食べるそうです。

5

旅から生まれたアレンジレシピ

台湾

Taiwan

ガトー・アナナ

台北

　日本から3時間半程度で行ける台湾は、手軽に行ける人気旅行スポット。野菜が多くヘルシーな台湾料理、暑い気候にぴったりの冷たいスイーツ、賑やかな夜市の屋台、穏やかで親切な現地の人々……お楽しみが多く、私も何度か足を運んでいます。

　マンゴーやパイナップル、スイカ、ドラゴンフルーツなど、特産のフルーツを使っているのが台湾スイーツの一番の特徴。行ったことがない人も、おみやげの定番「パイナップルケーキ」を一度は食べたことがあるのでは？

　湿度が高く暑い気候のためか、ケーキは全体的に甘さ控えめで、そのままでも日本人好みの味です。そのため、味の構成自体は大きく変化させず、生地のしっとり感を強めたり、爽やかな酸味を強めてアクセントを効かせたりと、ひとつひとつのパーツを洗練させるアレンジを加えました。

台湾のおみやげを代表する「パイナップルケーキ」。煮詰めたパイナップルフィリングをクッキー生地で包み、小さな四角形に焼き上げたお菓子です。
　私はさらに柔らかく、しっとりとしたガレット生地と組み合わせ、ホールサイズで焼いてみました。レモンやココナッツを加え、夏らしい清涼感もプラスしています。日がたつにつれてパイナップルの水分が生地に移り、しっとり感がより強まっておいしくなります。夏の暑い時期には冷やして食べるのがおすすめです。

ガトー・アナナ

 ガトー・アナナ

Taiwan

材料　ふちの直径 16cm、底の直径 13cm のマンケ型 1 台分

パイナップルのコンフィ
- パイナップル（缶詰）……………………200g（5枚分）
- 砂糖…………………………………………20g
- 水あめ………………………………………20g
- レモン汁……………………………………10g

ガレット生地
- 食塩不使用バター…………………………70g
- 粉糖…………………………………………70g
- 卵黄…………………………………30g（約1.5個）
- 牛乳…………………………………………6g
- ラム酒………………………………………6g
- レモン皮のすりおろし……………………⅓個分
- 薄力粉………………………………………100g
- ベーキングパウダー………………………2g
- ココナッツファイン………………………15g

塗り卵
- 卵黄…………………………………………1個
- インスタントコーヒー……………………小さじ½
- 水……………………………………………少々

下準備　型に食塩不使用バター（分量外）を塗って冷蔵庫で冷やし固め、強力粉（分量外、なければ薄力粉）を全体にまぶし、逆さにして型を叩き、余分を十分に落とす。冷蔵庫で冷やしておく。

作り方

1　パイナップルのコンフィを作る。パイナップルをフードプロセッサーで粗いピュレにする。完全になめらかにせず、繊維を少し残すことでパイナップルの食感を生かせる。包丁で刻んでもよい。

2　1をフッ素樹脂加工の鍋に入れ、砂糖、水あめ、レモン汁を加えて強火にかける。常に混ぜながら水分を飛ばし、どろっとするまでよく煮詰める。煮詰まってきたら焦げないように火を少し弱める。

3　正味 120g になるまで煮詰め、器に移し、完全にさます。コンフィの状態で冷凍保存も可能。

4　ガレット生地を作る。バターを室温に戻して柔らかくすり混ぜ、粉糖を2回に分けて混ぜ合わせる。

Point
量ってみてまだ量が多ければ鍋に戻してさらに水分を飛ばし、必ず120gにする。焦げやすいので注意。

5 卵黄、牛乳、ラム酒、レモン皮のすりおろしを順に加える。

6 薄力粉、ベーキングパウダーをふるって加え、ゴムべらで合わせる。途中でココナッツファインを加え、全体をまんべんなく混ぜる。

7 1cm丸口金をつけた絞り袋に150gのガレット生地を入れ、型の底に軽く押しつけるようにして中心かららせん状に絞り、底を完全に覆う。

8 型を傾け、側面にも口金を垂直に当てながら、底の生地に沿って1周絞る。さらにその上にもう1周絞り、ガレット生地を器状にする。薄いところがあれば、重ねて絞り、全体を均等な厚みにする。

9 さましたパイナップルのコンフィを数か所に分けてのせ、平らにならす。煮詰め足りないと焼いたときに生地が生っぽくなるので、十分煮詰めてからのせる。

10 残りの生地を同じ絞り袋に入れ、中心かららせん状に絞って上面を完全に覆う。なるべく平らに絞ること。

11 ゴムべらを寝かせてガレット生地を平らにならし、20分ほど冷蔵庫で冷やして表面を固める。
表面が平らでないとあとで塗り卵にムラが出たり模様がきれいに出ないので注意する。

Point

ふちより5mm内側まで塗り、型に塗り卵がつかないように注意する。

12 塗り卵を作る。水少々で濃く溶いたインスタントコーヒーを卵黄に少しずつ加え、濃い茶色にする。柔らかい刷毛を寝かせて**11**の上面にまんべんなく塗る。

13 竹串を寝かせて表面に好みの模様を描く。このとき生地を深く掘らないように注意する。あまり繊細な模様より、シンプルなほうが模様が引き立つ。

14 180度のオーブンで15分、さらに170度に落として15分ほど焼く。65ページを参照して型から出す。焼きたては柔らかいので十分注意。さめたら密閉し、冷蔵庫で2日ほど寝かせたら食べごろ。

アイビー先生の台湾料理レッスン

　台北郊外では、自宅で料理教室を行っているアイビー先生のもとを訪ねました。英語を話せるので、外国人からも人気が高く、私のような旅行者へのレッスンも慣れていらっしゃいます。
　先生はとってもフレンドリーで、自宅に到着したらさっそく台湾茶でおもてなしをしてくれました。料理がおいしいのはもちろん、台湾と日本の食文化の違いを話しあったり、台湾人の日常生活についてもジョークを交えて教えてくださったりと、楽しい話はとどまることがありません。
　「あなたも台湾でお菓子教室をやりなさいよ！」なんて、まるで友人と会っているように気軽でリラックスした雰囲気でした。

先生とは市場で待ち合わせ。希望すれば、市場ツアーもしてくれます。ここぞとばかりに未知な食材について質問攻めしてしまいました。ここで日本の食材を購入。

メニューは「牡蠣オムレツ」「イカの香味炒め」「大根餅」。大根餅は広東料理ですが、私がぜひ！と希望しました。デザートはパイナップルケーキです。

大根餅はあらかじめ蒸し、さめたら切り分けてフライパンでこんがり焼き色をつけます。

牡蠣オムレツのもちもち食感の秘密は、いものでんぷんを溶いて加えるから！ついに疑問が晴れました。

買ったばかりの新鮮なイカを使った炒めもの。仕上げに台湾バジルを加えます。

屋台でしか食べたことのなかった牡蠣オムレツ。

ていねいに解説しつつも、あっという間に3品作る手際のよさはさすがです。

Ivy's kitchen　　http://kitchenivy.com

＊レッスンには予約が必要。希望のメニューなどを事前に打ち合わせしてくれます。

アイビー先生の パイナップルケーキ Lesson

本場のパイナップルケーキを作ろう

先生に教えてもらったレシピはしっとりしていて、とってもおいしい！
台湾では手作りする人も多いようで、専用の型だけでなく、フィリングだけを売っていたり、専用の個装袋や箱も市販されています。手作りのパイナップルケーキの味を知ってしまうと、もうお店では買えなくなるかもしれません。
ここでご紹介する配合は、日本で手に入る材料で作れるように少し調整してあります。焼いてから3日ほどおいてから召し上がれ。しっとりなじんで、さらにおいしくなります。

材料

5×5cmのパイナップルケーキ型 10個分

ケーキ生地
- 食塩不使用バター………75g
- 粉糖………23g
- 全卵………30g
- 塩………ひとつまみ
- スキムミルク………30g
- 薄力粉………130g
- 好みでパルメザンチーズ………少々

＊パイナップルフィリングは60ページの材料の2倍で作り、220gになるまで煮詰める。さめたら冷蔵しておく。

バターは常温で柔らかくしておき、ケーキ生地の材料を順番に加えて混ぜ合わせる。最後に薄力粉をふるい入れ、ゴムべらでひとまとまりになるまで混ぜる。好みで粉状のパルメザンチーズを加えると、コクが出て本場っぽい焼き上がりになる。

ビニールで包み、冷蔵庫で30分寝かせ、10等分する。パイナップルフィリングを10等分して丸める。ケーキ生地を打ち粉（分量外）をしながら手のひらで直径6cm程度に伸ばし、フィリングをのせて包み込む。

押し棒でスタンプのようにぎゅっと強く押しつける。押し棒がなければ、平らなもので代用しても。

ぎゅっと押す！押す！

生地の厚みを均等に、フィリングがはみ出ないように包むのがコツ。ベーキングシートを敷いた天板の上に型を並べ（何も塗らなくてよい）、ケーキを詰める。

180度のオーブンで13〜15分ほど焼く。ベーキングシートをかぶせ、別の天板を裏返してかぶせたら、しっかり押さえて上下を返す。

先生の鮮やかな手さばき！

8分ほど焼き、上面にも香ばしい焼き色がついたらできあがり。そっと型をはずす。

さめたら専用の箱に詰めて完成！

型を購入した店
洪春梅西店器具店
（台北の乾物街・迪化街にある製菓器具店）
台北市民生西路389号

TRAVEL COLUMN

TAIWAN

台湾編

身体にやさしい台湾スイーツ

　台北にはもう5〜6回訪れています。なんといっても魅力は料理とスイーツ。高級料理でも、庶民的な屋台の料理でも、野菜が豊富に使われていて、濃すぎない味つけなので何度食べても飽きません。台湾の食材を使ったスイーツも、さっぱりしていて身体にもやさしく、日本人の味覚にぴったりだと思います。また台湾産の烏龍茶は、現地でちゃんとした淹れ方を教わって、初めてよい風味と甘みを持った本当のおいしさを知ることができました。

　都会化が進む台北でも、人々の控え目なやさしさは変わらず、下町や夜市に行くとどこかほっとする懐かしさを感じて、帰国するとすぐに恋しくなるのです。

必ず寄るのは茶藝館。おままごとのように小さくてかわいい急須とお茶碗で淹れてくれる台湾烏龍茶の魅力にはまりました。

茶葉の種類や湯の温度に気を遣ったお茶は、甘味と風味が十分に引き出されています。時間を忘れ、ゆっくりくつろげます。

夏のデザートといえば愛玉子（オーギョーチ）。レモンシロップに浮いた黄色のゼリーの噛み応えが独特。台湾にしか自生しない珍しい植物の種を、水の中でもみだし、ゼリーにしているそうです。

茶藝館のもうひとつのお楽しみは、ひと口サイズのお菓子。中華菓子と和菓子が融合したような味わいで、落雁のような生地や、求肥にくるまった餡は、小豆やナツメの自然でやさしい甘味。デリケートな台湾茶との相性ばっちり。

豆花（ドーファ）は、豆乳で作り、柔らかでやさしい風味。黒糖やしょうがのシロップをかけ、煮ピーナッツや、小豆、求肥、フルーツ、タピオカなど、好みのものをトッピング。

美しい洋菓子を扱うパティスリーもあり、甘味控えめで日本人好み。アヒルがかわいい！

市内にはいろいろな夜市が立ちます。私はもちろん食べ物屋台へ。フルーツの飴かけ串、水まんじゅうなど、色鮮やかなスイーツも大充実！

南国フルーツが豊富な台湾では、一年中スイカジュースが飲めます。

基本の生地の作り方

ここでは基本的な配合を紹介しています。お菓子によって、配合と分量が異なることがありますので、各レシピに従って用意し、成形、焼成してください。

パータ・シュクレ

材料

粉糖	25g
薄力粉	70g
食塩不使用バター	35g
卵黄	1個

作り方

1 フードプロセッサーに粉糖、薄力粉、冷たく固いままのバターを入れてまわし、粉々の状態にする。卵黄を加える。

2 卵黄を加えたら、フードプロセッサーをまわし続けず、スイッチのオンとオフをくり返し、ガッ、ガッと少しずつまわす。はじめは粉々だが、だんだんとそぼろ状になってくる。粉っぽさがほぼなくなり、炒り卵くらいのしっとりしたそぼろ状になったら止める。

3 ビニール袋に入れて平らにし、冷蔵庫で1時間以上休ませる。休ませることで焼き縮みを防ぎ、生地が締まって伸ばしやすくなる。この段階で冷凍保存もできる。

パータ・ブリゼ

材料

強力粉	35g
薄力粉	35g
砂糖	10g
塩	2g
食塩不使用バター	35g
冷水	27g

作り方

1 フードプロセッサーに強力粉、薄力粉、砂糖、塩、冷たく固いままのバターを入れる。フードプロセッサーをまわし続けず、スイッチのオンとオフをくり返し、ガッ、ガッと少しずつまわす。バターが1cm角程度の大きさになったら止め、冷水を加える。

2 フードプロセッサーを同様に少しずつまわす。粉っぽさがまだ少し残り、炒り卵くらいのしっとりしたそぼろ状になったらできあがり。練りすぎないように注意する。

3 ビニール袋に入れて平らにし、冷蔵庫で1時間以上休ませる。休ませることで焼き縮みを防ぎ、生地が締まって伸ばしやすくなる。この段階で冷凍保存もできる。

シュトロイゼル

材料

粉糖	20g
薄力粉	35g
食塩不使用バター	20g
冷水	2〜3g

作り方

1 フードプロセッサーに粉糖と薄力粉を入れる。どちらもふるう必要はない。冷たく固いままのバターを加え、フードプロセッサーをまわし、粉々の状態にする。

2 冷水を加えたら、フードプロセッサーをまわし続けず、スイッチのオンとオフをくり返し、ガッ、ガッと少しずつまわす。はじめは粉々だが、だんだんとそぼろ状になってくる。粉っぽさがほぼなくなり、炒り卵くらいのしっとりしたそぼろ状になったらでき上がり。ボウルにあけ、使うときまで冷蔵庫で冷やしておく。

型から上手にお菓子を取り出すコツ

型にバターを塗り、粉をふってから生地を流すタイプのお菓子は型に張りつきやすく、焼き上がったあとも取り出すのに少しコツが必要です。無理にはがすと崩れてしまうので、以下の方法できれいにはずしましょう。

焼き上がってオーブンから出したら、すぐに逆さにせず、まずは型を斜めに傾けて持ち、側面をトントンと一周たたく。さめてしまうと取り出しづらいので、温かいうちに行う。たたいていると、菓子の重さで徐々に型からはがれ、すき間ができてくる。

型の上面にオーブンシートを敷いた網やまな板などをかぶせ、型ごとひっくり返す。そっと型を持ち上げてはずす。生地が温かいうちは柔らかくて崩れやすいので、最後までゆっくり慎重に型をはずすこと。

6 旅から生まれたアレンジレシピ

ラトビア

エストニア

Latvia & Estonia

ソルダムの
シュトロイゼルケーキ

焦がしバターと
はちみつのマドレーヌ＆
柚子グラッセがけマドレーヌ

ベリーのアマンディーヌ

　バルト3国と呼ばれるラトビアとエストニア（もう1か国はリトアニア）は、地理的、歴史的にドイツ、ロシアとの関わりが深く、お菓子も2国の影響をよく受けている印象があります。

　シュトロイゼルケーキなど、ドイツ発祥のケーキをよく見かけましたし、マジパンが名物のリューベックなどの都市との交易が古くから盛んだったこともあり、マジパン製品も多く並んでいました。ロシアからは貴族たちが避寒地として訪れていたこともあり、はちみつ風味の生地とクリームを何層にも重ねた「メドヴィク」というロシアのケーキも売られていました。

　バルト3国は、広大な森が国土を覆う、まさに「森の国」です。他国から入ってきたお菓子も、豊かな森で採れたベリー類やはちみつをたっぷり使って、爽やかでみずみずしい味に仕上げていました。私も、日本でなじみ深い焼き菓子を、ベリーやはちみつで、バルト3国らしくアレンジしています。

ソルダムのシュトロイゼルケーキ

　プラムの品種のひとつ「ソルダム」をシュトロイゼルと一緒に焼き込みました。生地のやさしい甘味のなかに、ソルダムの酸味がアクセントになり、夏にさっぱり食べられるケーキになりました。爽やかなレモンと、プラムと相性のよいシナモンの香りもほんのり効かせ、風味に奥行きを出しています。冷やして食べるのもおすすめです。
　ソルダムがない時期には、アプリコットや洋梨の缶詰を使ってもおいしく作れます。

ソルダムのシュトロイゼルケーキ

Latvia

材料　直径18cmの浅型ベーキングカップ1台分

シュトロイゼル
塩分不使用バター	10g
粉糖	10g
薄力粉	20g
シナモンパウダー	少々
牛乳	1〜2g
ソルダム	大1〜1.5個（正味80〜90g）

ケーキ生地
食塩不使用バター	60g
砂糖	60g
全卵	60g（大1個）
レモン皮のすりおろし	少々
薄力粉	60g
コーンスターチ	10g
ベーキングパウダー	2g
溶けない粉糖	適量

＊同サイズの底がはずれるタイプのタルト型を使っても可。その場合は、内側に薄くバターを塗ってから使う。
＊溶けない粉糖はデコレーション用のシュガーパウダー。

作り方

1 65ページを参照してシュトロイゼルを作る。ここではシナモンパウダーを加えて作り、冷やしておく。

2 ソルダムを1cm弱の厚さのくし切りにし、キッチンペーパーで挟んで水気を取る。

Point
切り方が厚すぎたり、水気をきちんと取らないと、ソルダムの水分で生地が生焼けになりやすいので注意。

3 ケーキ生地を作る。室温に戻して柔らかくしたバターをハンドミキサーですり混ぜてクリーム状にし、砂糖を2回に分けて加え、そのつど白っぽくなるまでよく撹拌する。

4 室温に戻し、溶いた全卵を3回に分けて加え、そのつどよく混ぜる。レモン皮のすりおろしを加える。

5 合わせてふるった薄力粉、コーンスターチ、ベーキングパウダーを加え、ゴムべらで大きく合わせる。

Point
中心は火が通りにくいうえ、ふくれて高さが出やすいので、あらかじめくぼませておくことで、均一に焼き上がる。

6 粉っぽさがなくなり、なめらかになったら混ぜ終わり。混ぜすぎないように。

7 型に流し、平らにならしたら、真ん中を少しくぼませる。

Point
密集させすぎたり、重ねたりすると、生地が生焼けになりやすい。とくに中心にはあまりのせないように。

8 2のソルダムを適度に間隔をあけて並べる。

9 シュトロイゼルを全体にまんべんなくふりかける。

11 茶こしかシュガーシェイカーで溶けない粉糖をふちにふる。密閉容器に入れて1〜2日冷蔵庫で寝かせてからが食べごろ。冷えたままでも常温に戻してもおいしい。

10 180度のオーブンで35分ほど焼く。完全にさめたら型をはがす。

Roots of Recipes
レシピのルーツ

ラトビアの首都・リーガで毎晩通ったビアレストラン（ラトビアはビールが有名）の隣においしそうなパン屋さんを発見。ティータイムに覗いてみると、パンだけでなく、タルトや焼きっぱなしのケーキなど、素朴なお菓子がたくさん並んでいました。
　シュトロイゼルをのせたケーキやシュトゥルーデルには、色鮮やかな赤桃がたっぷり焼き込まれ、ひと口食べると、甘ずっぱい風味が旅の疲れを癒してくれました。
　その思い出から、プラムとシュトロイゼルの組み合わせは生まれたのですが、赤桃は日本では手に入りづらいので、ソルダムで代用しました。

パン屋さんだけど、素朴な焼菓子がいっぱい。サイズが大きく、食べ応えがありそうです。

赤桃のシュトロイゼルケーキ。果汁が生地にしみ込み、しっとりした食感でした。

ベリーの
アマンディーヌ

　アマンディーヌは、アーモンド生地にアーモンドスライスをたっぷりのせたタルト。そこに、お菓子にも料理にもベリーを多用するバルト3国をイメージし、フランボワーズジャムとドライクランベリーを一緒に焼き込みました。小さなタルトレットにすることで、生地のおいしさが強調され、香ばしさと甘ずっぱさのコンビネーションを楽しめます。

Latvia

材料   ふちの直径 5.5cmのタルトカップ型 4個分

パータ・シュクレ
粉糖	25g
薄力粉	70g
食塩不使用バター	35g
卵黄	1個

クレーム・ダマンド
食塩不使用バター	30g
砂糖	30g
全卵	30g
アーモンドパウダー	30g
レモン皮のすりおろし	少々
ラム酒	3g

フィリング
フランボワーズジャム	40g
ドライクランベリー	30g
アーモンドスライス	適量

デコレーション
フランボワーズジャム（裏漉しタイプ）	40g
水	適量
溶けない粉糖、ピスタチオ	各適量

＊ドライクランベリーは、ラトビア産がおすすめ。クランベリーがなければ、ドライチェリーやドライカシスなどで応用してもおいしい。
＊溶けない粉糖はデコレーション用のシュガーパウダー。

作り方

1 65ページを参照し、パータ・シュクレを作る。30ページと同様に麺棒で伸ばし、型に敷き込み、ふちを水平にナイフですり切る。生地がだれないよう、冷蔵庫で冷やす。

2 クレーム・ダマンドを作る。室温に戻し、クリーム状に練ったバターに、材料を順に加え、そのつどよく混ぜる。

3 1の底にフランボワーズジャムを10gずつのせ、全体に広げる。ドライクランベリーを散らす。

4 クレーム・ダマンドを30gずつ詰める。ざっと平らにならす。

5 アーモンドスライスをたっぷりのせ、軽く押さえつける。180度のオーブンで20〜25分ほど色よく焼く。

6 フランボワーズジャムと水少々を小鍋に入れ、中火にかけて完全に煮溶かす。5の上面に刷毛を寝かせてまんべんなく塗る。

Point
ペタペタと何度も塗らず、一度のせたら、さっと全体に広げるときれいに塗れる。ジャムがさめてきたら温め直して液状に戻してから塗る。

7 ものさしをかざし、溶けない粉糖を茶こしかシュガーシェイカーでふる。ものさしをはずし、細かく刻んだピスタチオをふる。

TRAVEL COLUMN

LATVIA

ラトビア編

ベリーの豊富な活用術にびっくり

　バルト諸国は緯度が高いため夏は短く、10月にはもう雪がちらつきはじめます。首都のリーガに9月に訪れましたが、昼は涼しく、夜はひんやり肌寒いぐらい。寒さが厳しくなると植物がほとんど育たないので、ラトビアの人々は短い夏の間に森のベリーをたくさん摘み、ジャムやコンポート、ソースなどに加工して、長い冬に備えます。ベリーは冬の間の貴重なビタミン源だそうで、お菓子やデザートだけでなく、ホットドリンクや料理にも大いに活用されていました。

　最近は日本でもラトビア産のドライクランベリーを見かけるようになり、そのたびに嬉しくなります。まだあまり知られていない国ですが、ベリーやお菓子を通して日本人にとってもっと身近になればいいな。

首都リーガは、ヨーロッパの絵本の世界そのままのロマンチックな街並みです。この建物は市庁舎。

屋根の先端に猫の像がのっていることから「猫の家」と呼ばれる建物など、ストーリー性のある建物がたくさん。

グリム童話に出てくる「ブレーメンの音楽隊」の動物の像。なでると幸福になるといわれています。ブレーメンとリーガは姉妹都市なのだそうです。

ベリーたっぷりのタルトレットを購入。ラトビアのベリーはひと粒に味がぎゅっと凝縮していておいしいんです。

ホットドリンクや料理にもベリー類が活用されていました。ベリーの酸味が脂っぽい肉や魚の味を引き締め、さっぱり食べられます。色合いもきれい！

市場にはいろんなベリーがかごいっぱいに量り売りされています。種類が本当に豊富で、見たことないようなものも売られています。

はちみつ大国なだけあり、瓶詰めされた生はちみつだけでなく、キャンドルやコスメ用品もありました。もちろんお菓子にも活用されています。

「マルメラード」は、フルーツと砂糖を煮詰めたゼリー状のお菓子。日本では見たことのないオレンジ色の小粒ベリーが原料になっていました。

素朴な焼き菓子の隣には生菓子のショーケースも。ここにもベリーやはちみつがふんだんに使われています。

もちろんパンも種類豊富。

毎日通ったベーカリー。しっかり焼き込まれたタルトにパイ、シュトロイゼルケーキやチーズケーキまで、スイーツも豊富で目移りしてしまいます。

隣のビアレストランでもここの黒パンが使われていました。肉料理とラトビアビールによく合います。

朝食用に買ったけしの実たっぷりの「パルミエ」。パイではなくてデニッシュ生地で、甘さ控えめながらボリューム満点でした。

あんず入りのチーズケーキやかわいい形のクッキーはおやつ用に。ホテルでのんびり楽しみました。

焦がしバターとはちみつのマドレーヌ&
柚子グラッセがけマドレーヌ

Estonia

バルトを代表する食材のひとつがはちみつ。そのおいしさをストレートに味わえるように、香ばしく焦がしたバターとはちみつのシンプルなマドレーヌを作ってみました。はちみつを加えると、風味がよくなるだけでなく、しっとりと焼き上がります。

もうひとつ、柑橘とはちみつの相性のよさを生かしたアレンジバージョンもご紹介。柚子の皮を生地に練り込み、柚子果汁のアイシングでコーティングした、爽やかな風味のマドレーヌです。

材料　直径約6cmのマドレーヌ型 16個分

食塩不使用バター	80g
全卵	2個
砂糖	65g
薄力粉	80g
ベーキングパウダー	2g
はちみつ	20g

＊柚子グラッセがけの場合の生地は、バターを焦がさずに溶かすだけにし、柚子皮のすりおろし½個分を一緒に加えて作る。

下準備

型に溶かしバターを刷毛でむらなく塗り、冷蔵庫で冷やし固める。強力粉（分量外、なければ薄力粉）を全体にまぶし、逆さにして型を叩き、余分を十分に落とす。冷蔵庫で冷やしておく。

作り方

1　焦がしバターを作る。小鍋にバターを入れて中火にかける。混ぜながら加熱し、明るい茶色くらいになったら火を止める。

2　すぐに水を張ったボウルに鍋ごとつけ、焦げが進まないように色止めする。ボウルに移し、40度程度までさます。

3　全卵、砂糖をボウルに入れて混ぜる。湯せんにかけて混ぜながら温め、砂糖が溶け、卵のコシが切れてさらっとしたら湯せんからはずす。

4　泡立て器で、全体が泡でいっぱいになるくらい（3分立て）まで泡立てる。

5　ベーキングパウダーと合わせて薄力粉をふるい入れ、泡立て器でぐるぐると混ぜる。粉っぽさがなくなれば混ぜるのをやめる。

6　さました焦がしバター、はちみつを加えてゴムべらで混ぜ、均等になったらできあがり。

焦がしバターとはちみつのマドレーヌ ＆ 柚子グラッセがけマドレーヌ

7 ラップをし、60分ほど冷暗所で寝かせる。

8 生地を下からゴムべらでひと混ぜする。準備した型に8分目まで生地を流し、180度のオーブンで13～15分ほど焼く。

9 全体に焼き色がついたら焼き上がり。型を裏返し、型を軽く台に打ちつけて型からはずす。

Point
寝かせることで生地が落ち着いて均一になり、しっとりおいしく焼き上がる。

柚子グラッセがけ

1 アイシングを作る。粉糖と柚子果汁少々をよく混ぜ合わせ、持ち上げるとたらたらと流れ落ちるくらいの固さにする。

2 刷毛を寝かせてマドレーヌの表面にアイシングを塗る。オーブンシートを敷いた天板にのせる。

3 刻んだ柚子ピールをふりかけ、170度のオーブンに50～60秒入れてアイシングをさっと乾かす。焼きすぎに注意。そのままさます。どちらのタイプも密閉容器に入れ、2日くらいおくと食べごろに。

Roots of Recipes — レシピのルーツ

「森の国」という言葉がぴったりなバルト諸国は、フルーツだけでなく、いろいろな種類の花から採れたはちみつも名産。お菓子や料理にふんだんに使われています。

なかでも私が驚いたのは、はちみつのホットビール！リキュールやワインはほかの国でも見かけますが、ビールが温かくてほんのり甘いなんてはじめての体験。10月には雪が積もる寒い国ならではの飲み物ですね。

はちみつのホットビール

TRAVEL COLUMN

ESTONIA

森と中世とマジパンの国

エストニア編

中心地を離れるとすぐに深い森が広がり、住居や別荘、森林墓地がぽつぽつと点在するばかり。四方を豊かな森で囲まれたエストニアの街では、森で採れたベリーや質のよいはちみつをお菓子やジャムに加工するだけでなく、ナチュラルコスメにも利用しており、そのコスメを使ったスパやサロンは女性観光客に大人気だそうです。

また、首都・タリンにはロマンティックな中世の街並みが残り、手編みのリネンやセーターを扱う昔ながらのクラフトショップ、ワイルドな中世料理を出すレストランなどがあり、街全体で中世の雰囲気を盛り上げています。マジパンが有名なドイツの都市と交易が盛んだったこともあり、お菓子はマジパンを使ったものがたくさん見つかりました。

さすがは森の国だけあり、レストランにも猪肉メニューがありました。雑穀をすりつぶし、ミルクと少量の砂糖で煮たやさしい味わいのエストニアのデザートも。ベリーソースが添えてあります。

エストニアの首都・タリンの旧市街は中世の街並みをそのまま残しているのが魅力。1～2日あればまわりきれるほどこぢんまりしたいい街です。

クラシックなカフェでは、マジパンでコーティングされた「レイヤーケーキ」をいただきました。

街並みを観光資源にしているので、中世風の衣装を着た人々がガイドをしていたり、名物のアーモンド菓子を売っていたり。雰囲気たっぷり。

かわいい細工やチョココーティングされたものが販売されていました。おみやげにもぴったり。

朝食プレート形のユニークなマジパン！

マジパンミュージアムがありました。昔のマジパン型や、作業工程も展示されています。

マジパン細工のワークショップに参加。色づけして自由な形に成形します。

7

旅から生まれたアレンジレシピ

ベルギー

Belgium & France

フランス

クグロフ・ショコラ

錦玉風パート・ド・フリュイ

マカデミア・ショコラ

りんごのクイニーアマン

　ベルギーとフランスは、お菓子好きが一度は訪れたい憧れの国。日本では考えられないほどさまざまな種類のケーキやボンボン・ショコラを楽しむことができます。ここ数十年の間に、パティシエがベルギーとフランスで修業を積み、本場の味を日本でも再現してきました。フランスの伝統菓子がブームになったこともあり、クイニーアマンやワッフルなどがコンビニでも買えるほど、ベルギーとフランスの地方菓子は私たちの日常に浸透しています。

　最後にご紹介するのは、すっかり慣れ親しんだベルギーとフランスのシンプルな地方菓子に、和の素材を加えたり、口溶けをよくしてみたりと、味も見た目もワンランクアップさせたレシピです。よく知るお菓子も工夫次第でまだまだ新鮮なおいしさを味わえます。

クグロフ・ショコラ

　ベルギーメーカーの良質なチョコレートをふんだんに焼き込んだクグロフです。よりシンプルな材料と工程を追求し、チョコレートのおいしさそのものを堪能できるレシピにしました。刻みチョコレートを最後にも加えることで、しっとり感と濃厚さが強調され、ボンボン・ショコラのように濃厚で口溶けのよい焼き菓子に仕上がりました。

 クグロフ・ショコラ

Belgium 🇧🇪

材料　直径15cmのクグロフ型1台分

食塩不使用バター	45g
カカオ分70％ビターチョコレート	65g
卵白（メレンゲ用）	70g
上白糖（メレンゲ用）	30g
上白糖	25g
卵黄	2個
アーモンドパウダー	15g
薄力粉	15g
ココア	10g
カカオ分70％ビターチョコレート	25g
溶けない粉糖	各適量

＊溶けない粉糖はデコレーション用のシュガーパウダー。

下準備

型に溶かしバターを刷毛でむらなく塗り、冷蔵庫で冷やし固める。強力粉（分量外、なければ薄力粉）を全体にまぶし、逆さにして型を叩き、余分を十分に落とす。冷蔵庫で冷やしておく。

作り方

1 バターとチョコレート65gをボウルに入れ、レンジで溶かす。さめないように湯煎などで40度程度に保温しておく。

2 別のボウルに卵白、上白糖を入れ、ハンドミキサーでメレンゲを泡立てる。

Point　油分が多いバターとチョコレートを加えると泡が消えやすいので、ねっちりと固いメレンゲになるまでしっかり泡立てること。

3 1に上白糖と卵黄を順に加えてよく混ぜる。

4 メレンゲを半量加え、泡立て器で下から大きくひっくり返すように、さっくりと合わせる。

Point　一気に加えると泡が消えるので、ここでは半量だけを加える。

5 アーモンドパウダー、薄力粉、ココアを合わせてふるい入れる。ゴムべらに持ちかえ、粉っぽさがなくなるまで混ぜる。

6 残りのメレンゲを加えて軽く合わせる。

7 刻んだチョコレート25gを加え、全体がやっと均一になり、メレンゲが見えなくなったところで混ぜ終わり。混ぜすぎないように注意。

8 型に一気に流し、ざっとならす。真ん中を軽くへこませる。

9 170度のオーブンで25〜30分くらい焼く。焼き上がったら65ページを参照して型から取り出す。

10 すぐにラップで包んでさます。包んでさますことで乾燥を防ぎ、しっとりする。冷暗所または冷蔵庫で保存し、焼いてから2日後ぐらいが食べごろ。食べる前に溶けない粉糖を茶こしかシュガーシェイカーでふりかける。

Roots of Recipes — レシピのルーツ

ベルギーは、想像以上にどこもかしこもショコラティエばかり。日本のショコラティエにはケーキも焼き菓子も並んでいますが、ベルギーのお店はボンボン・ショコラやタブレットなど、本当にチョコレートしか並んでいません。きっとチョコレートの品質への自信の表れなのでしょう。ベルギーをイメージしたレシピなら、チョコレートそのものを味わうのと同じ濃厚さを再現したいと考えたのでした。

洗練されたボンボン・ショコラのディスプレイ。

素朴なチョコ菓子も売られています。

街中ショコラティエだらけ！

マカデミア・ショコラ

　ベルギーのショコラティエには高級なボンボン・ショコラだけでなく、子供でも気軽に買えるシンプルなチョコ菓子も多く並んでいました。良質なチョコレートが特別なものではなく、小さなころから身近なものとして楽しまれているのがよく分かります。
　手軽なチョコ菓子の代表が、アーモンドをキャラメルとチョコレートでコーティングした「アマンド・ショコラ」。これを、いろんなナッツでアレンジしました。ナッツに合わせて、チョコレートはホワイトを使ったり、フレーバーをつけたり、仕上げにまぶすパウダーも定番のココアや粉糖だけでなく、メープルシュガーや黒糖などを使っています。ぜひ、お好きな組み合わせを試してみてください。

Belgium 🇧🇪

材料
- 砂糖 ………………………… 30g
- 水 …………………………… 10g
- マカデミアナッツ(生) ……… 100g
- 食塩不使用バター …………… 5g
- ホワイトチョコレート ……… 100g
- メープルシュガー(粉末タイプ) … 適量

＊ナッツをピーカンナッツ、アーモンド、ヘーゼルナッツに変えて作ってもおいしい。まぶすチョコレートをビターやミルクチョコレートにしたり、メープルシュガーをココアや溶けない粉糖、黒糖(粉末タイプ)にしてもよい。

作り方

1 砂糖と水を小鍋に入れ、中火にかけてシロップをわかす。少し濃度がつき、気泡が大きくなってくるまで煮つめる。この間、シロップを混ぜたり鍋をゆすったりしないように。

2 火を止めてマカデミアナッツを入れ、耐熱のゴムべらでかき混ぜ、シロップをまんべんなくからませる。最初はベタベタしている。

3 ナッツのまわりにシロップが白く結晶化してつき、ポロポロになるまで混ぜる。

4 再び中火にかけ、混ぜながらマカデミアナッツを炒る。結晶化した砂糖が溶け出し、キャラメル化しはじめる。煙が出るので、必ず換気扇をつけること。全体がキャラメル化し、琥珀色になったら火を止める。

5 バターを入れて溶かし、全体に行き渡るように混ぜたら、ベーキングシートなどに広げ、十分にさます。

6 ホワイトチョコレートを湯せんで溶かし、人肌以下までさます。5をボウルに移し、溶かしたチョコレートを¼量加える。

7 チョコレートが固まってつやがなくなり、ひと粒ずつパラパラとほぐれるまでかき混ぜる。

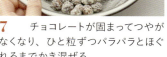

Point
一度にチョコレートをからめず、何層にも分けてチョコがけをすることで均等な厚みにコーティングされる。

8 同様にチョコレートを¼量ずつ加えてかき混ぜる。すべて加えたら、いったんマカデミアナッツをボウルから出し、ボウルについたチョコレートをガス台の火であぶって溶かす。マカデミアナッツを戻してチョコレートをからめ、パラパラになるまでかき混ぜる。

9 表面が完全に乾かないうちに、メープルシュガーを加えてまぶす。

TRAVEL COLUMN

BELGIUM

ベルギー編

ショコラティエの数と種類の豊富さに圧倒！

　ベルギー旅行の目的は、もちろんチョコレートのリサーチ！…なのですが、想像をはるかに超えるショコラティエの数に目が丸くなりました。子どものころからこんなにショコラティエに囲まれていれば、日常的に楽しむようになりますよね。消費量の多さにも納得。ベルギーの人々にとっては、ショコラティエは高級＆特別なものではなく、日常的に楽しむもののようで、手頃なお店がたくさんありました。私も毎日いろんな店で買い集め、スーツケースはチョコレートで埋め尽くされました。

　チョコレート以外にも、スパイスのきいた伝統的なクッキー「スペキュロス」、独特な製法で作られる鼻形ゼリーの「キュベルドン」など、郷土菓子も魅力いっぱい。ヨーロッパの名品が格安で手に入る蚤の市もいたるところに出ていて、お菓子めぐりと食器探しに夢中になりました。

首都・ブリュッセルはクリスマスシーズンに訪れました。グランプラス広場は、伝統的なキリスト誕生祭の装飾と一緒に、現代的なプロジェクションマッピングやライトアップで華やかに彩られていました。

北西部のブルージュはしっとり落ち着いた街。小さな国なので、地方都市へも日帰りで行けちゃいます。

ブリュッセルは蚤の市天国。手作りのお菓子に合う掘り出し物探し。値段は交渉次第。英語が通じない年配の方も多いので、フランス語での交渉ですが…うーん、難しい。

どの街にもあるのは、名物のフリッツ（ポテトフライ）、ムール貝のワイン蒸し。フリッツはお好みのソースを好きなだけかけられます。ピリ辛の「サムライソース」なんてものも。

鼻形を模した「キュベルドン」。パート・ド・フリュイのようなゼリーかと思いきや、なかからシロップが出てきました。食感も独特で、とにかく不思議な伝統菓子です。

うなぎのグリーンソースとウサギとプルーンの煮込み。蒲焼きに慣れている日本人には驚きのぬるっとした食感でした。ウサギのほうは、プルーンの甘みがきいていて食べやすいお味。

ショコラティエめぐりははずせないお楽しみ。ショコラ消費量が世界で1〜2位というのも納得のすごい店舗数！ どの店もディスプレイに凝っています。

型抜きタイプが主流。巻貝やスカル、大仏の頭まで！ ポルトのような工具形もよく見かけました。

ケーキを並べるパティスリーやサロンドテはあまり見かけませんが、「ピエールマルコリーニ」や「デルレイ」のような高級ショコラティエには、ケーキもありました。もちろんチョコ系が多いです。

ほどんどが量り売り。店先のテンパリングマシーンからチョコレートが流れ出ており、できたてのボンボンショコラを売るお店も。「このマシーン、いくらするの？」と聞いたら、「車が買えるくらい！」

ブルージュもショコラティエだらけでしたが、ホテルの前に素敵なサロンを発見。ケーキはフルーツを使ったものが多く、繊細なデコレーションでした。

ブルージュのシンボルのハクチョウ形や、ねずみ形もかわいい。高級店ばかりでなく、普段のおやつ用のリーズナブルなお店も多いです。

ブリュッセルの名店「ダンドワ」。ビスキュイトリー（焼菓子屋さん）ですが、ワッフルも有名です。サクサク軽いブリュッセル風、発酵生地でもっちり仕上げたリエージュ風、どちらも頼んで食べ比べました。

ダンドワ名物のクッキー添えホットチョコレートも頼み、ベルギースイーツをしっかり満喫。

錦玉風パート・ド・フリュイ

　パート・ド・フリュイは、フルーツのピュレを煮詰めて特殊なペクチンで固めたフランスの砂糖菓子です。バットなど大きな型に流して固め、ひと口大に四角く切り分けるのが定番ですが、ボンボン・ショコラの型に流してころんと丸くしてみました。ひと粒のなかに数種類のパート・ド・フリュイも組み合わせ、和菓子の「錦玉」みたいにきらきらと輝くように仕上げています。

　味も和風に、柚子やかぼすの果汁を使ったタイプを作りました。ピュレの種類と組み合わせを工夫すれば、バリエーションも広がります。

France

材料　ボンボン・ショコラの型約 35～40 個分

木苺のパート・ド・フリュイ

グラニュー糖	8g
HMペクチン	3g
クエン酸	2g
水	2g
グラニュー糖	100g
水あめ	28g
冷凍フランボワーズピュレ（解凍しておく）	63g
水	20g

柚子またはカボスタイプの場合

グラニュー糖	8g
HMペクチン	3g
クエン酸	2g
水	2g
グラニュー糖	100g
水あめ	28g
柚子果汁またはカボス果汁	43g
水	40g

仕上げ

微粒グラニュー糖	適量

＊ 微粒グラニュー糖がなければ通常のグラニュー糖でもよい。

HMペクチンは、パート・ド・フリュイ用のペクチン。製菓材料店で購入できる。ジャム用では作れないので注意。クエン酸は製菓材料店または薬局で購入できる。

柚子果汁、かぼす果汁は、市販品か生の果実から絞って使う。

下準備
- グラニュー糖 8g と HM ペクチンをよく混ぜ合わせておく。ピュレに加えたときにダマができづらくなる。
- クエン酸と水をよく混ぜ合わせておく。
- グラニュー糖 100g を量り、中心をくぼませ、水あめをくぼみにのせて量る。こうすると水あめが容器にくっつかず、全量を鍋に入れやすい。

作り方

1　木苺のパート・ド・フリュイを作る。ピュレと水を小鍋に入れて中火にかける。軍手を両手にし、泡立て器で混ぜながら加熱する。40度くらいに温まったら、合わせておいたグラニュー糖と HM ペクチンを、ピュレを混ぜながら加える。

2　ぷくぷくとふちが沸騰しはじめたらグラニュー糖と水あめを加え、混ぜて溶かす。

3　完全に水あめが溶けたら耐熱のゴムべらにかえ、焦がさないようにふちや底からよく混ぜて煮詰める。温度計が鍋底につかないように計り、106度になったら火を止める。

4　水で溶いたクエン酸を加え、全体をよく混ぜる。

Point

クエン酸を入れるとすぐにとろみがついて固まってくる。全体をよく混ぜたら、その後の作業は手早くおこなう。

錦玉風パート・ド・フリュイ

5 型に流す（型が大きな場合は半分の高さまででよい）。ゆっくり作業していると固まってくるので手早く進める。そのまま室温で固める。

6 傷つけないようにナイフの先などを型の間に入れて型から取り出す。微粒グラニュー糖をまぶす。

7 5～6個を取り分け、4～5mm角にカットする。型の底に3～4片ずつ入れる。

Point

カットが大きいと後から入れる透明のパート・ド・フリュイからはみ出してしまうので、小さめに。

8 木苺と同様に、柚子またはカボスのパート・ド・フリュイを作る。ここではピュレのかわりに柚子果汁（またはカボス果汁）43gと水40gを合わせて作り、クエン酸液を入れたらすぐに7の型に手早く流す。

9 同様に室温で固め、そっと型から取り出して微粒グラニュー糖をまぶす。

いろんなピュレでアレンジ

ピュレの種類をかえたり、異なる色のピュレで作ったパート・ド・フリュイ2種類をカットしてなかに入れれば、色とりどりのタイプを楽しめます。配合は以下のとおり。密閉容器に入れて、冷暗所または冷蔵庫で保存してください。冷やして食べるのもおすすめ。

ピンク色……冷凍ペッシュブラン（白桃）ピュレ83g
オレンジ色……冷凍アプリコットピュレ83g
紫色……冷凍カシスピュレ53gに水30gを加える
緑色……自家製青梅ピュレ53gに水30gを加える

＊青梅は生のものを3回ゆでこぼしてアクを抜き、柔らかくなったら種を取ってフードプロセッサーでピュレ状にする。好みで、食用色素（緑）を水で溶いて微量加える。

Roots of Recipes — レシピのルーツ

果物型で固めたタイプも発見！

フランスのコンフィズリー（砂糖菓子屋）を覗くと、必ず並んでいるのがパート・ド・フリュイです。基本的には1種類のフルーツピュレだけで作るのですが、最近では、2種類を重ねて色違いにしたものや、細かく刻んだアーモンドを混ぜ込んだもの、バジルなどのハーブを加えて香り豊かに仕上げたものなど、変わり種を見かけることが増えてきました。

錦玉風は現地では見たことがありませんが、せっかく日本で作るならと、私は和のテイストを取り入れてみました。

りんごのクイニーアマン

　バターたっぷりの折り込み発酵生地にグラニュー糖をまぶし、香ばしくキャラメリゼしたフランス・ブルターニュ地方のお菓子です。
　生地のおいしさを楽しむ素朴なお菓子に、私は同じブルターニュの名産、りんごを組み合わせてみました。カリッとした生地の食感に、りんごのみずみずしさがよく合います。
　型にもバターとグラニュー糖をたっぷりまぶし、よく焼き込むのが香ばしく仕上げるポイントです。

りんごのクイニーアマン

France

材料　ふちの直径約7cm、底の直径約5.5cmのマフィンケーキパン型12個分

折り込み発酵生地
- 食塩不使用バター………………10g
- 牛乳………………………………107g
- 生イースト…………………………8g
- 強力粉……………………………100g
- 薄力粉……………………………65g
- 砂糖………………………………18g
- 塩……………………………………4g
- 食塩不使用バター（折り込み用）……100g

りんごのフィリング
- りんご（紅玉）……………………1個
- 砂糖………………………………15g
- お好みでシナモンパウダー………少々

型用
- 食塩不使用バター………………40g
- グラニュー糖……………………適量

＊生イーストはドライイーストでも代用可。その場合は3～4gを使用する。

作り方

1 折り込み発酵生地を作る。バター10gを溶かし、牛乳に加えて混ぜる。生イーストを加え、よく溶かす。

2 別のボウルに強力粉、薄力粉、砂糖、塩を入れてよく混ぜ、1を加える。こねないようにゴムべらやカードでざっと混ぜ、軽くひとまとめにする。少しぼそぼそしているくらいでよい。

3 ビニール袋に入れ、上から麺棒で一辺20cmの正方形にする。冷凍庫で45分ほど休ませる。

> **Point**
> 冷凍庫で休ませることで、発酵を進めすぎないように調節している。

4 折り込み用バターを用意する。バターを1cm厚さにスライスし、一辺13cm程度の正方形にしてラップで挟む。ラップの上から麺棒で押さえてバターの厚みを均等にする。バターはしなるくらいの、少し柔らかい状態にする。

5 休ませた生地に用意した4のバターを写真のように置く。四隅から生地を折ってバターを包む。とじ目を指でつまんでしっかり閉じる。

6 打ち粉（分量外）をしながら、縦の長さが3倍になるまで麺棒で伸ばす。一方向だけに伸ばさず、真ん中から上、真ん中から下へと交互に均等に伸ばす。

7 上下から⅓ずつを折りたたんで三つ折りにする。麺棒で押さえてなじませる。

8 生地を90度回転させ、同様に縦に3倍に伸ばして三つ折りにする。ビニール袋に入れて冷凍庫で30〜40分休ませたら、さらに向きを90度変えて3倍に伸ばし、三つ折りにする。これで合計3回三つ折りをしたことになる。さらに冷凍庫で30〜40分休ませる。

9 フィリングを作る。りんごは皮をむいて8等分のくし形に切り、5mm厚さのいちょう切りにする。砂糖をふりかけ、ラップをする。好みでシナモンパウダーをふる。600〜700wのレンジで2分ほど加熱し、しんなりしたらさましておく。

10 成形する。三つ折りした端が横になるようにおき、縦50cm、横16cmの長方形に伸ばす。12等分し、一辺が約8cmの正方形に切り分ける。冷凍庫に入れておく。

Point

1枚ずつくっつかないようにラップを挟みながら重ね、冷凍することも可能。冷凍臭がつかないよう、さらにビニール袋などに入れて冷凍庫で保存しておけば、焼きたいときにいつでも成形して焼ける。2週間くらいで使い切ること。

11 室温で柔らかくしたバターを、型の底と、側面の半分の高さにまでたっぷり厚く塗る（1個につき3〜4gくらい）。グラニュー糖をたっぷりふりかけ、型を傾けて側面にもグラニュー糖をまぶしつける。

Point

バターとグラニュー糖をたっぷりつけることで、焼き上がりにカリカリとしたキャラメルの膜ができる。

12 冷凍しておいた生地を出して5分くらいおいて戻す。グラニュー糖を裏面につけ、表の真ん中にりんごをのせる。四隅を折りたたんで包んだら、とじ目をしっかり押さえる。

13 用意した型に詰める。28〜30度程度の場所で1時間ほど発酵させる。発酵場所の温度が低めの時は、時間を長くとるとよい。

Point

オーブンを15〜20秒つけてスイッチを切り、その余熱のなかに入れておいてもよい。温度が高すぎると折り込んだバターが溶け出すので注意する。

14 210度のオーブンで15分焼く。上面が焦げないよう、アルミホイルをかけてさらに6分ほど焼く。ひっくり返すと香ばしいキャラメル色に焼けていれば完成。

TRAVEL COLUMN

FRANCE

アルザス編

個性的なお菓子にあふれたパティシエ憧れの地

著名なパティシエを何人も輩出してきたアルザスは、パティシエにとっては憧れの地。ドイツとの国境に位置し、ドイツ文化の影響も色濃く受けた個性的なお菓子は、ぜひ自分の目で見てみたいと思っていました。

中心地のストラスブールでは、名産のフルーツを使ったタルトや、スパイス香るタルト・リンツァ、そしてアルザスの代名詞「クグロフ」を満喫。期待を裏切らないおいしさに大感動しました。

パリは2度目の旅ということもあり、最先端のパティスリーではなく、あえてコンフィズリー（砂糖菓子専門店）と地方菓子を得意とするセレクトショップに的を絞ってめぐりました。コンフィズリーにも地方色があり、見たこともないものにたくさん出会えました。オシャレで高級なイメージとはまるで違う、パリっ子の庶民的なコンフィズリー。日本の駄菓子のような素朴さに、親近感がわきました。

アルザス地方の中心地・ストラスブールは、ドイツ、フランスどちらにも影響を受けた独自の文化や言語が残る街です。

あまり大きな街ではありませんが、お菓子巡りだけで1〜2日かかってしまいそうなほど、パティスリーの名店がいくつもありました。

モンブランは「トルシュ オ マロン」と呼ばれていました。トルシュはたいまつという意味。生クリームの上にマロンペーストを絞り、上面を生クリームで飾るのが定番スタイル。

アルザス名物の「ベッコフ」は、豚肉や鶏肉を野菜と一緒に特産の白ワインで蒸し焼きしたもの。薄焼きピザのような「タルトフランベ」も名物。どちらもドイツ料理を彷彿とさせる味わいでした。

マカロンみたいな見た目の「パン・ダニス」は、クリームをサンドせず、アニス風味の生地だけを味わうお菓子。香りが個性的で、私のお気に入りです。

ドイツ菓子を代表する「リンツァ・トルテ」は、「タルト・リンツァ」にアレンジされ、アルザスの定番になっています。ほんのりスパイスが香る生地とグロゼイユやフランボワーズジャムの組み合わせにはまり、いろんな店で買い集めてしまいました。

アルザスはフルーツの産地でもあり、パティスリーではフルーツタルトがメインで並べられていました。のせ方や組み合わせに工夫を凝らし、フルーツだけで美しく飾っています。

「クグロフ」も名物。日本ではクグロフ形ならどんな生地でもクグロフと呼びますが、アルザスではブリオッシュのような発酵生地のお菓子を指します。たいていはレーズン、カランツ入りで、アーモンドが飾ってあります。

カラフルに絵つけされたディスプレイ用クグロフ型も売られていました。

TRAVEL COLUMN — FRANCE

庶民的なコンフィズリーと地方菓子をめぐる

パリ編

セレクトショップとコンフィズリー（砂糖菓子屋さん）めぐり。見たこともない郷土菓子や珍しいジャムも見つかりました。各地のお菓子が揃うなんて、さすがはパリ。

カラフルなフォンダン菓子（シロップを結晶化させたもの）とパート・ド・フリュイの詰め合わせ。

マルシェには必ず素朴なお菓子を売る店があります。ブルターニュの名物「クイニーアマン」が巨大なアントルメサイズで売られていました。

フランス各地から珍しい砂糖菓子を集めているジョルジュさんのお店。初めて見るものばっかり！ それぞれのお菓子についてていねいに教えてくれました。

ディジョン地方の伝統菓子「ノネット」。スパイスが効いた「パンデピス」という生地に、マーマレードがサンドしてあります。

ヌガーやタルトなど、ひとつひとつに細かな説明が書いてありました。パリッ子にも浸透していない郷土菓子はたくさんありそうですね。

アンジェリカ（ふきの一種）やプルーン、唐辛子の砂糖漬けまで！ プルーンは種を抜いてプルーンジャムが詰めてありました。

リヨン名物「クサン・ド・リヨン」。パート・ド・フリュイやガナッシュを、リキュールで香りづけしたマジパンで包んであります。

フランス最古のキャンディといわれる「ネギュス」。飴の中からキャラメルが出てきました。クラシックなデザインの缶もすてき。

私が訪れたときには、ヴァイオレット（すみれ）がモードで、高級スーパーにはすみれシロップやキャンディなどがたくさん並んでいました。

パティスリーにもヴァイオレット味のギモーブやマカロン、プティガトーを見つけました。地方菓子も最先端も見られるのがパリの楽しいところですね。

さいごに

旅からインスピレーションをもらって生まれたオリジナルレシピはいかがでしたか。

実際の郷土菓子から大きくアレンジしたものが多く、本場で味わったことがある方には「ぜんぜんちがう！」と思われたかもしれません。それでも、作りやすく、食べやすく、そして何より、各国の"雰囲気"を感じていただけていれば幸いです。

おみやげでいただいた外国のお菓子を、「甘すぎて無理」「おいしくない」と切り捨ててしまうのは、もったいないことだと思っています。素材の使い方や組み合わせ方からは学ぶところがとても多く、工夫次第で、私たちに合った新しいおいしさが生まれる可能性を秘めているからです。

私が各国でお菓子めぐりをするときには、おいしいかまずいかではなく、「そのお菓子がどうしてその地方で愛されているか」を理解することを何

この本で紹介しきれなかった国のお菓子たち

ロシア

スペイン　ギリシャ　ジョージア

Spain

マドリッドでは、本場のチュロスとホットチョコレートを求めて行列店にチャレンジ。チュロスはまったく甘くないのですが、それを補うようにホットチョコレートは激甘！ 半分しか飲めず…。

カターニア地方のデザート「クレーム・カタラーナ」。クレーム・ブリュレより軽く、日本のカスタードプリンよりは濃厚。ちょうどいいおいしさだと感じました。

古都・トレドでは、名物の「マサパン」を。もとは修道院で作られていたお菓子で、アーモンドパウダー、はちみつ、砂糖を練り合わせて形作り、焼いてあります。竜のようにとぐろを巻いたものは、なんとうなぎ模様。

より大切にしています。

　たとえば、「甘すぎる」のにもいろんな理由があります。砂糖が富の象徴だったために、甘いほど権力を誇示できた、とか、暑くてカロリーを消費するため、エネルギー補給のために甘みが強かった、とか。本場の味を知るだけでなく、気候や文化をじかに感じ、歴史を学ぶことで、それぞれのお菓子の「本質」に近づくことができるはずです。

そうして、文化的な背景を知ってはじめて、その国の魅力を生かしたアレンジができるのだと考えています。

　コラムでご紹介した旅の様子や、現地で出会ったお菓子の写真から、読者のみなさまにも、私が体験した文化を共有できれば嬉しく思います。そして、もしも機会があれば、ぜひご自身の舌で、本場の味を体験してみてください！

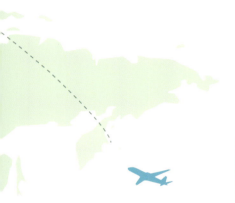

Georgia

中央アジアの国・ジョージアの銘菓は、細長い「チュルチュヘラ」。クルミやヘーゼルナッツを糸でつなぎ、粉を加えたぶどうジュースに何度も浸し、そのたびに吊るして乾かしたものです。自然な甘味で、食感は「ういろう」に近いものでした。

洋菓子店は少なく、日常的ではないそうですが、料理教室では、若い生徒さんが熱心にケーキ作りに取り組んでいたので、近い将来にはおいしいケーキ屋さんが増えそうです。

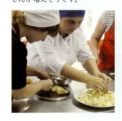

私がお菓子の仕事をしていると伝えたら、「味見して！」と作ったケーキを何種類も出してくれました。

Russia

ジョージアで仲良くなったロシア人夫婦に教わったのは、「バードミルク」という名前のチョコがけマシュマロ。バードミルクは、「ありえないほどおいしい！」という意味だそう。

Greece

ミコノス島のペイストリーショップで見つけたのは、アラブのバクラヴァとヨーロッパのパイ菓子の中間のようなお菓子。

おまけ

ジョージア行きの飛行機で出会った、カタールの鷹匠グループと記念写真をパシャリ。いろんなお菓子と楽しい人々に出会えるのが旅の醍醐味ですね。

＊熊谷裕子先生の好評既刊＊

初心者でもぜったい作れるレシピです
各定価：本体1,500円＋税

だれもが成功！
はじめてのマカロン

いきなりプロ級！
はじめてのケーキ

毎回、上手にふくらむ！
はじめてのシュークリーム

失敗なしの「改良レシピ」でしっとりふんわり！
はじめてのスポンジ菓子

手作り本格派の中級教科書
各定価：本体1,500円＋税

思いどおりに仕上げる配合のバランス
焼き菓子の食感テクニック

組み合わせの相乗効果で、さらにおいしく！
フルーツ菓子のテクニック

ベーシックなお菓子から最新アレンジまで！
バタークリームのテクニック

プラスワンで味も見た目もハイグレード
クッキー作りの美感テクニック

定価：本体1,500円＋税　　定価：本体1,600円＋税

ケーキの美しさは、「土台」で決まります
デコレーションを洗練させる下地作りのコツ

食感、味、香りのステキ度が増すパーツ別テクニック
ケーキがおいしくなる「下ごしらえ」教えます

おうちでプチ・パティシェ
各定価：本体1,500円＋税

菓子作りのステキ度アップをめざす
材料別
デコレーション・テクニック

もう焼きっぱなしは卒業
美味しく飾って
大人の焼き菓子

手作りのお菓子がプロ級の仕上がり！
コツとバリエ
デコレーション・マジック

この本で使用した材料・器具の主な販売店
TOMIZ（富澤商店）
神奈川県、東京都を中心に多数店舗があります。製菓材料・器具のほかにも乾物やエスニック素材まで、あらゆる食材を扱っています。自社で小分けして販売するので、量も価格も手ごろです。オンラインショップもあり、コラム欄では定期的に私のレシピを掲載していただいています。
詳しくはホームページをご覧ください　tomiz.com

撮影	● 北川鉄雄
菓子製作アシスタント	● 田口竜基
レイアウト	● 中村かおり（Monari Design）
編集	● オフィスSNOW（畑中三応子、木村奈緒）

ひと味ちがったおいしさが作れる
焼き菓子アレンジブック

発行日　2018年10月1日　初版発行

著　者　熊谷裕子（くまがい　ゆうこ）
発行者　早嶋　茂
制作者　永瀬正人
発行所　株式会社　旭屋出版
　　　　〒107-0052
　　　　東京都港区赤坂1-7-19　キャピタル赤坂ビル8F
編集部　電話　03-3560-9066
販売部　電話　03-3560-9065
　　　　FAX　03-3560-9071
郵便振替　00150-1-19572

旭屋出版のインターネットホームページ
http://www.asahiya-jp.com

印刷・製本　株式会社　シナノ パブリッシングプレス

※許可なく転載・複写ならびにweb上での使用を禁じます。
※定価はカバーにあります。
※落丁本、乱丁本はお取り替えいたします。

ISBN978-4-7511-1350-9 C2077
©Yuko Kumagai/Asahiya Shuppan 2018 PRINTED IN JAPAN